Découvrons ensemble qui est Dieu

Découvrons ensemble qui est Dieu

MARIAN M. SCHOOLLAND

Un guide pour accompagner
les enfants dans la foi

ÉDITIONS
IMPACT

Découvrons ensemble qui est Dieu : un guide pour accompagner les enfants dans la foi

230, rue Lupien
Trois-Rivières (Québec) G8T 6W4

Édition originale en anglais :
Leading Little Ones to God

Publié par Wm. B. Eerdmans Publishing Company

Traduit et publié avec permission

Traduction par les traducteurs de l'Église Réformée Saint-Jean

Illustrations : Laura Massicotte et Rachel Hénault

Dépôt légal - 2e trimestre 2013

ISBN : 978-2-89082-172-9

Dépôt légal : Bibliothèque et Archives nationales du Québec
Bibliothèque et Archives Canada

Imprimé au Canada

Laissez les enfants venir à moi. Ne les empêchez pas. En effet, le Royaume de Dieu appartient à ceux qui sont comme les enfants.

Marc 10.14

Les commandements que je te donne aujourd'hui resteront dans ton cœur. Tu les enseigneras à tes enfants. Tu en parleras quand tu seras assis chez toi, quand tu marcheras sur la route, quand tu te coucheras et quand tu te lèveras.

Deutéronome 6.6,7

Remerciements

Je souhaite montrer ma reconnaissance pour l'aide que j'ai reçue dans l'élaboration de ce livre. Marian Ippel a bien voulu mettre à l'essai la première leçon lors de leur culte familial. Elle m'a encouragée à poursuivre le travail. Charlotte Otten a lu l'ouvrage en entier tout en m'apportant des commentaires constructifs. Un merci spécial à mon frère, le révérend C. M. Schoolland qui m'a fourni des suggestions précises basées sur ses années d'expérience avec les enfants.

Par ailleurs, je suis reconnaissante envers les éditeurs qui m'ont gentiment permis de combiner mon idée de concevoir un livre pour le culte familial tout en offrant un enseignement doctrinal. Par-dessus tout, nous ne pouvons jamais être assez reconnaissants envers Dieu, qui s'est manifesté d'une manière telle que même un enfant peut comprendre l'ampleur de sa majesté, de sa sainteté et de son amour.

Mot aux parents

Ce livre se veut un outil entre les mains des parents qui désirent enseigner leurs enfants au sujet de Dieu. Les parents sont les meilleurs enseignants de leurs enfants, et peut-être qu'il n'y a rien de plus important dans leur vie spirituelle que les moments de tranquillité passés avec papa et maman à discuter de ce grand Dieu qui nous a créés et nous aime tant.

Les enfants aiment qu'on leur fasse la lecture. Ces leçons peuvent être utilisées à n'importe quel moment, ou presque, bien qu'il soit préférable d'instaurer un moment bien précis, comme après le repas, lors du culte familial, ou à l'heure du coucher. Ce que nous proposons dans cet ouvrage requiert de la réflexion de la part des enfants. Voilà pourquoi les textes devraient être lus lentement, afin de laisser le temps aux enfants d'assimiler ce qu'ils entendent.

Dans le but de vous fournir des sujets de discussion, vous trouverez quelques *questions* à la suite de la présentation de la leçon. D'abord, ces questions permettront aux adultes de cerner ce que leur enfant a retenu et quelle est sa compréhension sur le sujet. Ensuite, ces questions permettront à l'enfant d'appliquer concrètement dans sa réalité quotidienne les enseignements doctrinaux qu'il vient d'apprendre.

Vous trouverez aussi dans chaque leçon un *verset* à apprendre. Les tout-petits n'ont pas à les mémoriser tous, mais plutôt qu'on leur en fasse la lecture régulièrement tout en discutant de leur signification. Cette méthode les familiarisera avec les passages de la Bible. Pour ce qui est des plus âgés, ils pourront tirer profit de l'engagement qu'ils prendront à mémoriser, en tout ou en partie, les versets proposés.

Avec des enfants en bas âge, il n'est peut-être pas nécessaire de vérifier tous les passages bibliques suggérés, mais les enfants plus âgés apprécieront de voir que leur leçon est confirmée par la Parole de Dieu.

Puisque le *chant* est une activité qui apporte inspiration et stimulation à la vie du chrétien et qu'il est en même temps une expression de sa foi et de sa joie, nous espérons que toute la famille chantera ensemble les chants suggérés. Chanter est une belle façon de louer Dieu. Chanter fortifie aussi notre foi et notre confiance en Dieu. Souvent, une petite discussion sur la signification du chant aidera à sa compréhension. Si vous ne connaissez pas le chant suggéré, une simple lecture de ce dernier, suivi d'un temps de discussion, pourrait aussi se faire.

La *prière* est un moment précieux où l'enfant scellera en son cœur la graine qui vient d'être semée. La prière suggérée à la fin de la leçon peut être utilisée comme telle ou elle peut servir à consolider le sujet qui vient d'être évoqué.

Ce livre vous est envoyé avec la prière suivante : Qu'il soit une bénédiction dans chaque foyer où il est utilisé dans le but d'honorer Dieu, et que chaque enfant, comme ceux que Jésus a pris dans ses bras, puisse apprendre à le connaître et à l'aimer.

– Marian M. Schoolland

Mot des traducteurs

Nous sommes heureux de vous offrir, en français, ce classique de la littérature chrétienne pour enfants.

Nous vous encourageons à instaurer dans votre quotidien ou lors de certains jours précis de la semaine un moment propice pour parler de Dieu. Nous vous encourageons également à persévérer dans l'instauration de ce moment, même si l'ajout d'une autre activité dans nos vies déjà bien assez mouvementées et occupées puisse sembler impossible à réaliser. Avec le temps, ce moment deviendra précieux et privilégié. Il deviendra en peu de temps une habitude qui sera bénéfique pour toute la famille.

Dieu tient à nourrir spirituellement vos enfants, afin que leur être intérieur soit fort. Que ce livre les rende capables et désireux de faire toute bonne œuvre, et qu'ils puissent porter le fruit de l'Esprit. Mais d'abord, que Dieu les convainque de leur besoin d'être pardonnés et de la nécessité de recevoir sa grâce. Une grâce que nous avons trouvée, pour notre part, irrésistible !

Toi, mon fils, cherche à devenir toujours plus fort grâce à l'amour du Christ Jésus.
2 Timothée 2.1

Les traducteurs de l'Église Réformée Saint-Jean, Montréal

Table des matières

PARTIE UN

Rechercher Dieu

1

Notre cœur cherche Dieu

Ce livre parle de Dieu. Il parle aussi des humains et de tout ce qui nous entoure. Mais ce livre parle surtout de Dieu parce que tout le monde devrait le connaître. Dieu est très important. Il nous a créés. Nous lui appartenons. Tout le monde lui appartient. Le soleil, la lune et les millions d'étoiles qui brillent loin, loin dans le ciel lui appartiennent aussi. Penses-tu que nous devrions le connaître ?

Il y a une petite voix à l'intérieur de nous qui nous dit qu'il y a un Dieu et que nous devrions le connaître. Certaines personnes n'écoutent pas cette petite voix ; ils ne veulent pas connaître Dieu. D'autres personnes écoutent cette voix, mais inventent leurs propres dieux. Ils fabriquent des statues en bois ou en pierre qu'ils nomment leurs dieux. Certains prient le soleil et les étoiles comme si ceux-ci étaient des dieux. Malheureusement, de tels dieux ne peuvent pas nous entendre, nous voir ou nous aider. Nous voulons connaître le vrai Dieu. Celui qui nous voit, nous entend et peut nous aider lorsque nous avons besoin de lui.

As-tu déjà vu un bébé lever les bras en l'air pour se faire prendre par sa mère ? Le bébé a besoin de sa mère et veut qu'elle soit là. La mère prend soin de son bébé. Une bonne mère prend soin de tous ses enfants. Nous sommes les enfants de Dieu, car c'est lui qui nous a créés ; nous lui appartenons et nous avons besoin de lui pour qu'il prenne soin de nous. Ce livre a été écrit pour aider les petits enfants à trouver Dieu, le connaître et l'aimer. Chaque fois que nous lirons ce livre, nous parlerons de Dieu :

- Combien il est grand ;
- Combien il est bon et merveilleux ;
- Combien il nous aime ;
- Comment il veut prendre soin de nous ;
- Comment il aimerait que nous agissions ;
- Et beaucoup plus…

Connaître Dieu est vraiment la chose la plus importante au monde ! Faire sa connaissance nous rendra vraiment heureux. Une fois que nous le connaîtrons, nous l'aimerons, nous lui ferons confiance et nous lui obéirons.

Quelques questions

- Que nous dit la voix à l'intérieur de nous ?
- Peux-tu nommer quelques-unes des choses merveilleuses que Dieu a créées ?
- Pourquoi avons-nous besoin de Dieu ?

Verset à mémoriser

Cherchez le Seigneur pendant qu'il se laisse trouver. Faites appel à lui pendant qu'il est près de vous.

– Ésaïe 55.6

Lecture biblique suggérée

Psaumes 105.1-4

Chant

Comme une biche soupire
Après des courants d'eau, courants d'eau.
Comme une biche soupire
Après des courants d'eau.

Ainsi mon âme soupire après toi,
Soupire après toi, ô Dieu.
Mon âme a soif de Dieu,
Du Dieu vivant, Dieu vivant.

JEM 249 : Comme une biche

Prière

Dieu du ciel, nous sommes contents de pouvoir te prier. Nous te demandons de nous bénir tout au long de la lecture de ce livre. Nous voulons en apprendre de plus en plus à ton sujet, afin que notre amour pour toi grandisse. Amen.

2

Nous ne voyons pas Dieu avec nos yeux

Voudrais-tu voir Dieu ? Oui ! Malheureusement, nous ne pouvons pas le voir. Personne ne peut voir Dieu. Pourquoi ne pouvons-nous pas le voir ? C'est parce que Dieu est esprit et que nous ne pouvons pas voir un esprit.

Mais qu'est-ce qu'un esprit ?

Quand Dieu t'a fait, il t'a donné un corps et un esprit. Ton esprit est ce qui te permet de penser à l'intérieur de toi. C'est ton esprit qui te permet d'aimer. C'est ton esprit qui te permet d'écouter et de comprendre ce que je suis en train de te dire. C'est ton esprit qui te permet de vivre des émotions. Si tu es content et que tu souris, c'est grâce à ton esprit. Si tu es triste et que tu pleures, c'est aussi à cause de ton esprit. Personne ne peut voir l'esprit avec les yeux, mais tu peux le ressentir au-dedans de toi, dans ton corps.

Dieu a un esprit comme toi, mais il n'a pas de corps. C'est pour cela que tu ne peux pas le voir de tes yeux. Tu ne peux pas le voir, mais lui, il peut te voir, t'entendre et t'aimer. Il voit et entend beaucoup plus que tu ne vois et n'entends.

D'après toi, pourquoi ne peux-tu pas voir Dieu ? C'est parce qu'il est rempli de gloire. Cela veut dire qu'il est saint et qu'il brille. La gloire de Dieu est si brillante qu'aucune personne n'est capable de le regarder. Imagine que tu essaies de regarder le soleil. Que se passe-t-il ? Même en fermant les yeux tu peux avoir mal tellement il brille fort. Eh bien, la gloire de Dieu est encore plus forte et plus brillante que le soleil !

La Bible nous parle d'un homme appelé Moïse qui était un bon ami de Dieu. Dieu lui parlait souvent, mais Moïse n'avait jamais vu Dieu. Un jour, Moïse a demandé à Dieu : « S'il te plaît, Dieu, laisse-moi voir ta gloire. » Dieu répondit à Moïse : « Aucun homme ne peut me voir et vivre, mais je vais te cacher derrière des rochers et je passerai devant ceux-ci. Moïse monta donc sur une montagne. Dieu le cacha derrière les rochers et il passa devant ceux-ci. » Dieu permit à Moïse de voir un tout petit peu de sa gloire. Quand Moïse redescendit de la montagne, son visage était aussi brillant que le soleil. Moïse avait vu juste un tout petit peu de la gloire de Dieu et son visage était devenu si brillant que les autres personnes qui le voyaient avaient peur de lui.

Finalement, il est bon de ne pas pouvoir voir Dieu. Le Soleil et les étoiles nous montrent suffisamment sa gloire. Car, si nous voyions Dieu, nous pourrions avoir peur et nous cesserions de vivre.

Quelques questions

- Est-ce que quelqu'un a déjà vu Dieu ?
- Pourquoi ne pouvons-nous pas voir Dieu ?
- Pourquoi ne serait-ce pas une bonne chose de voir Dieu ?

Verset à mémoriser

Dieu dit à Moïse :

« Mais voir mon visage, c'est impossible. En effet, un être humain ne peut pas me voir et rester vivant. »

– Exode 33.20

Lecture biblique

Psaumes 104.1-13

Chant

Mon Seigneur et mon Dieu,
Tu es infiniment grand,
Revêtu de splendeur,
Recouvert de majesté;
Tu t'es vêtu d'un manteau de lumière,
Tu es descendu parcourir la terre
Tu cherches un peuple qui veut
vraiment t'honorer,
Tu cherches un peuple qui veut faire ta volonté.

JEM 457 : Mon Seigneur et mon Dieu

Prière

(Bien que Dieu soit rempli de gloire, nous pouvons le prier. Fermons les yeux et inclinons la tête afin de ne pas être distrait lorsque nous prions.)

Dieu de gloire, plus brillant que le soleil, aide-nous à te louer. Rend nous purs et sans péché, par Jésus-Christ notre sauveur, afin que nous n'ayons pas peur de toi. Amen.

3

Nous voyons ce que Dieu a créé

Il y a tant de choses à voir tout autour de nous. Il y a tant de choses à apprendre. Sais-tu de quelle façon on apprend ? On peut apprendre en voyant et en entendant. Peut-on en apprendre sur Dieu de ces façons ? On ne peut pas le voir et on ne peut pas l'entendre parler. Alors, comment peut-on en apprendre sur lui ?

On peut connaître Dieu grâce aux choses qu'il a créées. As-tu déjà regardé les étoiles qui brillent dans le ciel ? As-tu déjà vu à quoi ressemble la terre ; si immense et toute ronde ? Il y a tellement de belles choses que Dieu a créées sur la terre : les animaux, les oiseaux, les fleurs, les petites bestioles... Il y a la mer ou l'océan avec des milliers de gros et petits poissons...

Qui a fait toutes ces choses ? Qui en prend soin ? Quelqu'un doit avoir fait tout cela ! Cette personne, c'est Dieu. Parfois, on entend le tonnerre ou on voit des éclairs dans le ciel. On ne peut pas décider d'envoyer le tonnerre ou les éclairs. On ne peut pas non plus dessiner des nuages dans le ciel ni faire tomber la pluie du ciel. On ne peut pas faire souffler le vent, ni l'arrêter. Toutes ces choses qu'on ne peut pas faire nous montrent qu'il y a quelqu'un de plus grand que nous : c'est Dieu. Il a créé le tonnerre, les éclairs, la pluie, le vent et les beaux flocons de neige.

Parfois, on entend chanter un petit oiseau. On ne peut pas demander à l'oiseau de nous chanter une belle chanson. On ne peut pas non plus lui apprendre à faire son nid. Ainsi, quand on voit un oiseau voler ou quand on l'entend chanter, on se dit qu'il y a un grand Dieu qui l'a créé.

Les fleurs aussi sont très belles. Elles ont de beaux pétales. Il existe des fleurs de toutes les couleurs : des rouges, des jaunes, des bleues. Certaines fleurs produisent du bon nectar, une sorte de jus sucré dont les abeilles raffolent. D'autres ont une bonne odeur quand on les sent. Observe une fleur attentivement. Vois-tu comme elle est belle ? Vois-tu les petites graines qui se cachent à l'intérieur ? On n'est pas capable de créer une seule vraie fleur; ni ses pétales, ni les petites graines à l'intérieur, ni son doux parfum. C'est seulement Dieu qui en est capable. Ainsi, les fleurs aussi nous montrent qu'il y a un grand Dieu.

On sait donc que Dieu existe grâce à toutes les choses que l'on voit autour de nous. On voit les choses qu'il a créées.

Alors, tu comprends, même si on ne voit pas Dieu avec nos yeux, on peut voir les choses qu'il a faites.

Quelques questions

- Comment le soleil, la lune et les étoiles nous disent-ils qu'il y a un Dieu ?
- Peux-tu nommer autre chose qui nous montre qu'il y a un Dieu ?

Verset à mémoriser

Le ciel raconte la gloire de Dieu...
– Psaumes 19.2

Lecture biblique

Psaumes 19.1-7

Chant

Quand je vois le ciel,
Oeuvre de tes doigts,
La lune et les étoiles que tu créas.

Qu'est donc l'homme, ô Eternel?
Qu'est donc l'homme, ô Eternel?
Qu'est donc l'homme, ô Eternel?
Que tu prennes garde à lui ?

JEM 2 : Psaumes 8.4,5

Prière

Dieu, quand nous regardons tout autour de nous, nous voyons que tu es vraiment un grand Dieu. Quand nous levons les yeux, le ciel montre aussi que tu es un grand Dieu. Les oiseaux et les fleurs nous montrent que tu es merveilleux. Nous sommes si petits à côté de toi et nous t'appartenons. Nous sommes tes enfants et nous savons que tu prends soin de nous. Au nom de Jésus, amen.

4

Dieu a déjà parlé à son peuple

Adam et Ève sont les premières personnes que Dieu a créées ; un seul homme et une seule femme, c'est tout ! Après que Dieu eut créé Adam et Ève, il prit l'habitude de parler avec eux. Dieu allait les rejoindre dans le jardin pour leur parler. Plusieurs années plus tard, Dieu parla aussi à un homme appelé Abraham. Abraham était l'ami de Dieu.

Dieu parla aussi plusieurs fois à Moïse. À un certain moment, sur le mont Sinaï, Moïse était resté avec Dieu pendant quarante jours. Moïse n'avait même pas besoin de manger parce que Dieu prenait soin de lui pendant qu'il lui parlait.

La Bible nous raconte aussi qu'une nuit, Dieu parla à un jeune garçon qui vivait dans le tabernacle de Dieu. Il s'appelait Samuel. Il aidait Héli, le vieux prêtre, à prendre soin du tabernacle de Dieu. Une nuit, alors que Samuel était dans son lit, Dieu l'appela : « Samuel !, Samuel ! » Samuel pensait que c'était Héli qui l'appelait. Il sortit de son lit et courut voir Héli, mais Héli dit : « Non, je ne t'ai pas appelé ». Samuel retourna se coucher. Dieu l'appela encore: « Samuel !, Samuel ! ». Samuel se dit : « Ce doit être Héli qui m'appelle », mais lorsqu'il courut voir Héli, Héli répondit : « Non, mon fils, je ne t'ai pas appelé ». Et Samuel retourna encore une fois dans son lit. Mais voilà qu'il entendit la voix pour la troisième fois : « Samuel !, Samuel ! ». Samuel courut une fois de plus vers Héli. Cette fois, Héli lui dit : « Maintenant, je sais qui t'appelle. C'est l'Éternel. Retourne dans ton lit. Si tu entends encore cette voix, tu diras, «Parle Éternel, je t'écoute» ». Samuel retourna se coucher. Il pouvait difficilement croire que Dieu allait vraiment lui parler. Il était un si petit garçon. Il s'étendit calmement et écouta. Et là, il entendit la voix l'appeler : « Samuel !, Samuel ! ». Et Samuel dit : « Parle Éternel, je t'écoute. » Cette nuit-là, Dieu parla à Samuel. Il lui dit des choses qui allaient se passer plus tard. Dieu parla plusieurs autres fois à Samuel. Samuel devint un des grands prophètes ; il disait aux gens ce que Dieu voulait qu'ils fassent.

Dieu a parlé à plusieurs autres personnes. Ces personnes étaient aussi des prophètes. Dieu les a envoyés pour parler à son peuple.

Quelques questions

- Peux-tu nommer deux personnes à qui Dieu a parlé ?

- À quel moment de la journée Dieu a-t-il parlé à Samuel ?
- Est-ce que Samuel a vu Dieu ?
- Qu'a dit Samuel à Dieu ?

Verset à mémoriser
Parle, Seigneur, ton serviteur écoute !
– 1 Samuel 3.9

Lecture biblique
1 Samuel 3.1-11

Chant
Parle, Éternel,
Parle, Éternel,
Car ton serviteur écoute,
Parle, Éternel !

JEM 21 : 1 Samuel 3.9

Prière
Aide-nous, Père Éternel, à être comme le petit Samuel ; à écouter quand nous entendons ta voix. Amen.

5

Dieu nous parle

Quand on prie, on parle à Dieu. On ferme les yeux. On pense à Dieu et ensuite, on lui parle. On sait qu'il nous entend, car il est partout autour de nous. Mais si on peut parler à Dieu, est-ce que Dieu peut nous parler ? Est-ce qu'on peut l'entendre ? Il y a très longtemps, Dieu a parlé à un garçon qui s'appelait Samuel. Dieu a aussi parlé à plusieurs autres personnes de la Bible. Mais est-ce que Dieu peut te parler et me parler ?

On ne peut peut-être pas entendre la voix de Dieu avec nos oreilles, mais Dieu peut nous parler de bien d'autres façons. Quand on lit la Bible, c'est comme si

Dieu nous parlait. Quand Dieu a parlé à des hommes il y a très longtemps, il leur a dit d'écrire ce qu'il leur disait. Il leur a dit d'écrire ses paroles dans un livre. Les hommes ont écrit un gros livre. Ce livre s'appelle la Bible. La Bible est la parole de Dieu. Dieu a pris soin de la Bible. Même si elle a été écrite il y a très, très longtemps, Dieu en a pris soin parce qu'il voulait l'utiliser pour pouvoir nous parler à travers elle.

Quand nous lisons la Bible, c'est comme si Dieu nous parlait. Quand nous allons à l'église et que le pasteur lit la Bible, c'est comme si Dieu nous parlait. Quand papa et maman nous lisent la Bible, c'est comme si Dieu nous parlait. Quand notre professeur d'école du dimanche nous lit la Bible et qu'il nous raconte des histoires bibliques, c'est aussi comme si Dieu nous parlait. Il y a beaucoup de livres qui existent dans le monde, mais la Bible est le livre le plus merveilleux. Ce qui est écrit dans la Bible, ce sont les paroles de Dieu. La Bible, c'est Dieu qui parle. Toute la Bible contient les paroles de Dieu.

Nous aimons la Bible parce que c'est la parole de Dieu. Nous prenons soin de nos bibles. Nous lisons souvent notre bible parce que nous voulons savoir ce que Dieu veut nous dire.

Dieu nous a parlé d'une façon bien spéciale quand il a envoyé son fils, Jésus, vivre sur la terre. Plusieurs choses que Jésus a faites et dites sont aussi écrites dans la Bible.

Dieu nous parle aussi par son Esprit. Parfois, il parle à notre pensée. Parfois, quand notre pensée nous dit de ne pas faire du mal, c'est l'Esprit de Dieu qui parle à notre esprit. D'autres fois, quand on prie, l'Esprit de Dieu nous dit que Dieu écoute. Tu vois, même si nous n'entendons pas la voix de Dieu avec nos oreilles (comme c'est arrivé à Samuel), Dieu nous parle de bien d'autres façons.

Quelques questions

- À travers quel livre Dieu nous parle-t-il ?
- Qui a écrit ce livre ?
- Pourquoi la Bible est-elle le plus merveilleux des livres ?

Verset à mémoriser

Il y a très longtemps, un homme a dit :

Je garde tes enseignements dans mon cœur pour ne pas pécher contre toi.

– Psaumes 119.11

Lecture biblique

I Pierre 1.24,25

Chant

C'est vers toi que je me tourne,
Je veux marcher dans tes voies;
J'élève mes mains pour te rencontrer,
Mon coeur désire te chanter,
Pour bénir et célébrer ton saint nom,
Car tu es fidèle et bon.

Seigneur, ô Seigneur, je veux te donner,
Seigneur, ô Seigneur, ma vie à jamais.

JEM 232 : Ma joie de t'appartenir

Prière

Dieu tout-puissant ta parole est comme la semence en terre. Que la rosée du ciel descende et que les fruits de vérité abondent.

6

Dieu a envoyé son fils Jésus

Dans notre dernière leçon, nous avons appris que Dieu a dit aux hommes d'écrire un livre : la Bible. Dieu nous a donné la Bible pour apprendre et connaître qui il est. Dieu nous parle à travers la Bible. C'est un livre merveilleux !

Mais Dieu voulait que nous le connaissions encore mieux. Il voulait que nous le connaissions non seulement comme le Dieu qui nous a créés, mais aussi comme le Père céleste qui nous aime. Alors, il a envoyé son fils, Jésus, sur la terre.

Quand Jésus est venu sur la terre, les anges dans le ciel ont chanté de joie. L'un d'eux est descendu sur la terre pour annoncer à quelques bergers qu'ils pouvaient trouver Jésus, le fils de Dieu, dans une étable ! À ce moment-là, Jésus n'était qu'un bébé. Sais-tu quel jour c'était ?

Jésus est venu pour le peuple spécial de Dieu, les Israélites. Ils sont souvent appelés les Juifs. Quand Jésus est devenu un adulte, il a marché à travers tout leur pays. Il leur parlait de Dieu et de son grand Royaume. Il disait au peuple que Dieu les aimait. Jésus faisait du bien partout où il allait. Il guérissait les malades. Il rendait la vue aux aveugles. Il donnait de la nourriture à ceux qui avaient faim. Il était un ami pour ceux qui regrettaient d'avoir mal agi.

Un jour, alors que Jésus parlait avec ses disciples au sujet de son Père céleste, Philippe lui demanda : « Seigneur, montre-nous le Père. » Jésus répondit : « J'ai été avec toi un bon moment Philippe, tu me connais, n'est-ce pas ? Eh bien, si tu m'as vu, tu as vu le Père ! »

Que voulait dire Jésus ?

Bien, Jésus disait à Philippe, et à toi et moi aussi, que Dieu, notre Père céleste, est comme Jésus, son Fils. Nous connaissons ainsi que Jésus était très bon et gentil. Jésus faisait aussi de merveilleuses choses, comme guérir les malades, rendre la vue aux aveugles, et, quelques fois, redonner la vie à des personnes qui étaient mortes. Quand Jésus faisait ces choses, il nous démontrait combien Dieu est bon, gentil, grand et merveilleux.

Les histoires de Jésus sont écrites dans la Bible, dans la partie du Nouveau Testament. Ainsi, lire la Bible demeure la meilleure façon d'apprendre à connaître tout ce qui concerne Dieu. Nous pouvons apprendre à connaître Dieu en voyant ce qu'il a créé ; la terre et le ciel ainsi que tout ce qui se trouve sur la terre et dans le ciel. Mais la meilleure façon de connaître Dieu est de lire son livre, la Bible, qui nous raconte ce qu'il a dit aux hommes il y a très longtemps. La Bible nous raconte aussi toutes les choses merveilleuses que Jésus a faites, allant même jusqu'à mourir pour nous.

Quand nous pensons à l'amour que Jésus a eu pour nous, nous devons nous rappeler que Dieu, le Père céleste, éprouve ce même amour. Nous pouvons en être certains.

Quelques questions

- De quelle façon Jésus nous a-t-il montré que Dieu est bon et gentil ?
- De quelle façon Jésus nous a-t-il montré que Dieu se soucie des malades ?
- De quelle façon Jésus nous a-t-il montré que Dieu aime les pécheurs ?
- Pourquoi la fête de Noël est-elle si merveilleuse ?

Verset à mémoriser

Mon Père et moi, nous sommes un.
– Jean 10.30

Lecture biblique

Jean 14.8-10

Chant

Merci d'un cœur reconnaissant,
Merci au Seigneur trois fois saint,
Merci car il a donné Jésus-Christ
Son Fils.

Maintenant le faible dit: «je suis fort,»
Le pauvre dit: «je suis riche.»
Dieu a fait de grandes choses
Pour nous.
Merci.

JEM 454 : Merci

Prière

Nous devrions remercier Dieu de nous avoir manifesté son amour par Jésus.

Père céleste, nous te remercions de nous avoir envoyé Jésus. Il était bon et gentil. Il nous a montré à quel point tu es bon. Aide-nous à mieux te connaître grâce à ton fils Jésus. Amen.

VERSETS À RETENIR - PARTIE UN

Cherchez le Seigneur pendant qu'il se laisse trouver. Faites appel à lui pendant qu'il est près de vous.
Ésaïe 55.6

« Mais voir mon visage, c'est impossible. En effet, un être humain ne peut pas me voir et rester vivant. »
Exode 33.20

Le ciel raconte la gloire de Dieu...
Psaumes 19.2

Parle, Seigneur, ton serviteur écoute !
1 Samuel 3.9

Je garde tes enseignements dans mon cœur pour ne pas pécher contre toi.
Psaumes 119.11

Mon Père et moi, nous sommes un.
Jean 10.30

PARTIE DEUX

Dieu est grand

7

Dieu : seul et unique

As-tu déjà souhaité avoir des ailes pour pouvoir voler comme un oiseau ? Si tu en avais, aimerais-tu planer dans le ciel et voler toujours plus haut pour découvrir l'univers ?

Eh bien, même en volant, et volant pendant des jours, tu ne pourrais pas voir toute la multitude d'étoiles : il y en a tout simplement trop. L'univers contient des milliers, voire des millions d'étoiles ! C'est Dieu qui les a créées. Il a également créé l'univers dans lequel tu vis.

Certains peuples rendent un culte à plusieurs dieux. Ils croient qu'il y a un dieu pour les étoiles, un autre pour la lune, et d'autres pour les montagnes et les mers. Ils ne savent pas qu'un seul et unique Dieu a tout créé et s'occupe de tout.

Il y a plusieurs années, les Israélites devinrent le peuple de Dieu. Il y avait beaucoup de peuples en ce temps-là, mais Dieu choisit Israël pour devenir le peuple qui lui appartiendrait. Dieu parla aux Israélites à travers un homme appelé Moïse. Dieu leur donna le pays qu'il leur avait promis et il leur affirma qu'il était le seul vrai Dieu. Le peuple d'Israël ne devait adorer que lui, le seul et l'unique.

Les gens qui vivaient près d'Israël croyaient qu'il y avait plusieurs dieux : un dieu qui avait créé les étoiles, un dieu qui avait créé la lune, et un dieu qui vivait dans l'océan. Ils se fabriquaient des idoles en pierre et en bois. Parfois, même les Israélites, qui savaient comment Dieu est merveilleux et bon, l'oublièrent. Ils se fabriquèrent, eux aussi, des idoles et se prosternèrent en signe d'adoration devant elles.

Un jour, Dieu envoya le prophète Ésaïe vers les Israélites pour leur faire voir leur folie. Ésaïe dit : « Écoutez-moi ! Je veux vous montrer à quel point vous êtes fous de rendre un culte à des idoles de bois. Laissez-moi vous raconter une histoire :

Un homme va dans une forêt avec sa hache, il trouve un bel arbre et le coupe pour en faire du bois de chauffage. Puis, il se prépare un feu avec les morceaux de bois qu'il a coupés et il se dit : « Quel beau feu réconfortant ! » Ensuite, il emporte une bûche à la maison, la sculpte et la recouvre d'or en concluant : « Voilà un dieu que j'ai fabriqué moi-même. » Il se penche devant cette sculpture qui a une forme humaine et se met à adorer ce simple morceau de bois.

C'est fou n'est-ce pas ? Comme si un morceau de bois pouvait entendre, voir et bouger. Ce n'est qu'une idole qui n'a rien créé; ni le ciel, ni la terre, ni les étoiles, ni la pluie. »

Ésaïe déclara au peuple qu'il n'existe qu'un seul Dieu créateur de tout : lui seul est le Seigneur et tout lui appartient. Il règne sur tout l'univers ; il est invisible parce qu'il est esprit, mais il répond à nos prières. C'est un Dieu merveilleux !

Quelques questions

- Pourquoi est-il fou de se fabriquer des idoles ?
- À qui appartiennent le ciel et la terre ?
- Pourquoi tout appartient-il à Dieu ?
- Pourquoi est-ce qu'on lui appartient ?

Verset à mémoriser

Il y a longtemps, Moïse déclara :

Reconnaissez donc aujourd'hui et gardez dans votre cœur cette vérité : c'est le Seigneur qui est Dieu, là-haut dans le ciel et en bas sur la terre. Il n'y a pas d'autres dieux que lui.

– Deutéronome 4.39

Lecture biblique

Deutéronome 6.4-7

Chant

Gloire à Dieu, car il est bon.
Gloire à Dieu, car il est grand,
Il est digne de louanges.

Alléluia, alléluia, alléluia,

Servez le Seigneur d'un coeur joyeux,
Peuple du Seigneur.
Célébrez, bénissez Dieu,
Il est digne de louanges.

JEM 306 : Gloire à Dieu

Prière

Notre Père céleste, c'est toi seul que nous prions, car tu es le seul vrai Dieu. Nous savons que tu nous entends et que tout repose entre tes mains : les oiseaux, le soleil et nous-mêmes. Amen.

8

Dieu est partout en même temps

Dieu est partout en même temps ! En effet, si nous cherchons Dieu autour de nous, nous ne le verrons pas, mais il est bel et bien présent. Dieu est partout en même temps : il est près de nous, tout comme il est là-haut, dans le ciel, ainsi que de l'autre côté de la planète !

C'est parce que Dieu est Dieu et qu'il est esprit qu'il peut se trouver partout en même temps. Quel Dieu merveilleux !

La Bible raconte l'histoire d'une jeune femme nommée Agar. Elle était l'esclave de Sara, la femme d'Abraham. Un jour, Agar s'enfuit parce que sa maîtresse était méchante avec elle. Elle croyait que personne ne l'aimait et elle était très malheureuse. Elle s'assit près d'un puits en pensant qu'elle y était toute seule... mais non ! Dieu était avec elle ! Il la voyait et savait ce qui n'allait pas. Il vit son chagrin et il l'aima. Agar entendit Dieu lui adresser la parole en ces mots : « Agar, retourne chez ta maîtresse et fais ce qu'elle te demandera. Je m'occuperai du reste. » Agar resta bouche bée et lui répondit : « Je n'ai pas cru que Dieu me voyait ici, mais c'est un fait : il m'a vue ! »

Agar s'en réjouit et obéit en retournant chez sa maîtresse. Dieu fit ce qu'il avait dit. Elle qui était toute triste parce qu'elle se croyait seule, et pourtant Dieu était avec elle depuis le début.

Le fait de savoir que Dieu est toujours là et qu'il ne nous laisse jamais seuls devrait aussi nous réconforter. Lorsque tu te couches, Dieu est là. Ta chambre peut

être dans le noir, mais tu n'as rien à craindre. Quand tu te rends à l'école à pied, tu n'es jamais vraiment seul : Dieu est là, à tes côtés. Cela ne te rend-il pas heureux de savoir que Dieu est partout ?

Savoir que Dieu est partout devrait également nous rendre prudents. Par exemple, quand tu joues, Dieu est présent et entend tout ce que tu dis. Il faudrait donc penser bien comme il faut à ce que tu dis et à la façon dont tu agis, afin de plaire à Dieu.

Savoir que Dieu est partout devrait aussi nous amener à réfléchir. Contrairement à Dieu, tu ne peux qu'être à un seul endroit à la fois. Si tu es là où tu te trouves en ce moment, tu ne peux pas voir ce qui se passe à l'école. Ou bien, si tu te trouves dans ta chambre, tu ne peux pas être en train de jouer au parc en même temps. Dieu, lui, est partout. Regarde les étoiles dans le ciel et regarde tout autour de toi. Maintenant, dis-toi : « Dieu est vraiment partout ! »

Quelques questions

- Comment se fait-il que Dieu soit partout ?
- Pourquoi devrions-nous en être contents ?

Verset à mémoriser

Dieu nous affirme qu'il est partout. Le Seigneur déclare :

« Si quelqu'un se cache, je peux le voir. Je suis partout, dans le ciel et sur la terre. Vous ne savez donc pas cela ? »

– Jérémie 23.24

Lecture biblique

Psaumes 95.1-6

Chant

Qui donc dans le ciel est semblable à toi ?
Qui est puissant comme toi, Éternel mon Roi,
Qui est puissant comme toi,
Éternel mon Roi ?

JEM 276 : Qui donc dans le ciel ?
© 1981 M. Jung et T. Deverrewaere

Prière

Ô Seigneur, cela nous fait du bien de penser que tu es toujours là et que tu nous vois. Aide-nous à nous souvenir que tu es près de nous. Amen.

9

Dieu sait tout

Les filles et les garçons vont à l'école dès qu'ils sont assez grands. Ils vont à l'école pour apprendre. Il y a tant de choses à connaître. Tu sais, Dieu n'est jamais allé à l'école. Il n'a pas besoin d'apprendre, car il sait tout, il connaît tout.

Dieu connaît des choses que nous ne pouvons pas connaître. Par exemple, il sait combien il y a d'étoiles dans le ciel, car c'est lui qui les a faites. Dieu les appelle chacune par leur nom !

De plus, Dieu connaît des choses qui ne se voient pas. Par exemple, il sait comment les gros arbres développent leurs racines dans le sol et comment l'eau circule de ces racines jusqu'au bout de chaque petite feuille.

Dieu connaît aussi tout ce qui se passe en cachette, même la nuit, quand il fait très noir et que nous ne pouvons rien voir. Rien n'est caché à ses yeux.

Puis, Dieu connaît tout ce qui se passe dans nos cœurs. Il connaît nos pensées et chacun de nos secrets. Dieu sait tout.

La Bible nous raconte l'histoire d'un grand roi, Nabucodonosor. Une nuit, le roi Nabucodonosor fit un rêve étrange. À son réveil, il ne pouvait pas se souvenir de son rêve et cela le contraria.

Il demanda donc qu'on lui amène les hommes sages de son pays afin qu'ils puissent lui dire quel était son rêve. Mais aucun sage ne connaissait ce rêve.

Comment pouvaient-ils le connaître ? Alors, le roi se mit en colère.

Daniel était un des hommes sages. Il se dit : « Je vais demander à Dieu de me dire quel était le rêve du roi. Dieu sait tout, même les choses les plus secrètes. Il sait aussi tout ce qui se passe dans la noirceur. Il connaît même nos rêves. » Alors, Daniel pria Dieu et Dieu lui révéla le rêve du roi Nabucodonosor.

Dieu sait à l'avance ce qui va se passer dans le futur. Pour notre part, nous pouvons organiser des activités ou des tâches à faire. Par exemple, nous pouvons dire : « Demain, je sortirai pour aller jouer, ou demain j'irai à l'école. » Mais nous ne pouvons pas être certains que tout se déroulera comme nous l'avons prévu. Il peut y avoir des changements. Seul Dieu sait avec certitude ce qui va se passer demain ou après demain ou la semaine prochaine ou l'année prochaine.

Dieu est très grand, il sait tout.

Quelques questions

- Pourquoi allons-nous à l'école ?
- Dieu peut-il apprendre quelque chose ?
- Qu'est-ce que Dieu sait de moi ?

Verset à mémoriser

Dans la Bible, il y a un livre qu'on appelle Psaumes. Les psaumes ont été écrits il y a bien longtemps. Le Psaume 139 nous raconte comment Dieu nous connaît parfaitement dans les moindres détails. On peut y lire :

Tu sais quand je m'assois et quand je me lève, longtemps à l'avance, tu sais ce que je pense.

– Psaumes 139.2

Qu'est-ce que cela signifie ? As-tu une idée ?

Lecture biblique

Psaumes 139.1-10

Chant

Sonde-moi, ô Dieu et connais mon cœur !
Éprouve-moi, et connais mes pensées !
Regarde si je suis sur une mauvaise voie,
Et conduis-moi sur la voie de l'éternité !

JEM 18 : Psaumes 139.23,24

Prière

Ô Seigneur, combien il est merveilleux de penser que tu sais tout. Tu vois mon cœur lorsque je ne suis pas sage, mais tu le vois aussi quand j'essaie de faire le bien. Aide-moi, Seigneur, à devenir sage. Au nom de Jésus qui m'aime, Amen.

10

Il y a trois personnes en Dieu

Dieu est si grand que nous ne pouvons pas tout connaître de lui. Nous ne pouvons pas comprendre Dieu.

La Bible nous dit qu'il n'y a qu'un seul Dieu, mais la Bible dit aussi qu'il y a trois personnes en Dieu : Dieu le Père, Dieu le Fils et Dieu le Saint-Esprit. Il est difficile pour nous de comprendre que Dieu est formé de trois personnes.

Dieu le Père est au ciel. Dieu le Fils est Jésus qui est venu sur la terre en tant qu'enfant. Nous fêtons sa naissance le jour de Noël. Dieu le Saint Esprit est venu avec Jésus. Il vient vivre dans le cœur de ceux qui croient en Jésus. Il a fait connaître sa présence à partir du jour où Jésus a été baptisé.

Voici l'histoire. Il y avait un homme appelé Jean qui baptisait les hommes et les femmes dans la rivière du Jourdain. C'est pour cela qu'on le nommait Jean-Baptiste. Un jour, Jésus vint vers Jean-Baptiste pour être lui-même baptisé. Jean et Jésus entrèrent dans la rivière. Puis, Jean baptisa Jésus. Au moment où ils sortaient de l'eau, Jean vit quelque chose de merveilleux, c'était comme une colombe qui descendait du ciel et qui se tenait sur Jésus. En réalité, il ne s'agissait pas d'une vraie colombe. C'était plutôt le Saint-Esprit qui avait pris la forme de cet oiseau. Puis, Jean entendit une voix qui disait : « Celui-ci est mon Fils bien-aimé ». Ce qu'on entendait, c'était la voix de Dieu le Père qui se trouve au ciel.

Dans cette histoire, on voit Dieu se révéler en trois personnes : Dieu le Fils, Jésus, qui s'est fait baptiser ; Dieu le Saint-Esprit qui s'est manifesté sous la forme d'une colombe ; et Dieu le Père qui parla du ciel. Trois personnes étaient donc là. Le Père, le Fils et le Saint Esprit. Quel merveilleux et grand Dieu !

Aujourd'hui, lorsqu'on baptise un homme ou une femme, on les baptise au nom du Père, du Fils et du Saint-Esprit, parce que Dieu est un Dieu composé de ces trois personnes.

Quelques questions

- Y a-t-il plus qu'un Dieu ?
- Qui est le Fils de Dieu ?
- Qu'a fait Dieu le Père au moment du baptême de Jésus ?
- Qu'a fait Dieu le Saint-Esprit au moment du baptême de Jésus ?

Verset à mémoriser

Le SEIGNEUR est grand, il mérite des louanges, personne ne peut mesurer sa grandeur.
– Psaumes 145.3

Lecture biblique

Matthieu 28.16-20

Chant

Le Roi dans sa splendeur, vêtu de majesté,
La terre se réjouit, la terre se réjouit.
Il est paré d'éclat, la nuit essaie de fuir
Au son de sa voix, au son de sa voix.

Ô Dieu, tu es grand ! Nous chantons :
Ô Dieu, tu es grand ! Et tous verront,
Ô Dieu, combien tu es grand !

Car d'âge en âge il règne.
Les temps sont dans sa main.
Commencement et fin,
Commencement et fin.
Le Père, le Fils, l'Esprit, Trinité divine.
Le lion et l'agneau, le lion, et l'agneau.

Le plus grand des noms.
Digne de louange.
Mon cœur s'écrie
Ô Dieu, tu es grand !

JEM 870 : Le Roi dans sa splendeur

Prière

Père, nous te prions car tu es grand. Jésus, nous te remercions d'être venu sur la terre pour être notre Sauveur. Saint-Esprit, viens vivre auprès de nous et fais de nous des enfants de Dieu. Amen.

11

Dieu est saint

Ésaïe était l'un des grands prophètes. Dieu parla souvent à Ésaïe. Dieu lui dit d'annoncer à son peuple qu'un jour un sauveur merveilleux allait venir.

Un jour, Dieu s'adressa au prophète dans une vision (une vision est comme une sorte de rêve). Dans ce rêve, Ésaïe vit le Seigneur assis sur un trône très haut. La robe qu'il portait remplissait le Temple. Au-dessus de lui, se tenaient des créatures célestes qui brillaient, appelées séraphins. Chaque séraphin avait six ailes : deux ailes pour se couvrir le visage, deux ailes pour se couvrir les pieds et les deux autres pour voler. Certains séraphins disaient : « Saint, Saint, Saint est le Seigneur des armées. La terre est remplie de sa gloire. » D'autres séraphins répondaient « Saint, Saint, Saint ».

Ésaïe fut effrayé par la sainteté de Dieu lorsqu'il eut cette vision. Mais que voulait-elle dire ? Que veut dire la Bible quand on lit que Dieu est Saint ?

Te souviens-tu de l'histoire de Moïse à qui Dieu montra un peu de sa gloire ? Te rappelles-tu comment le visage de Moïse, après cette rencontre, brillait comme le soleil ? Cette lumière était une partie de la sainteté de Dieu.

La sainteté de Dieu est plus qu'une lumière très brillante. Dieu est pur et ne fait jamais rien de mal. Il fait toujours le bien. Dieu est lumière et gloire. Il est parfaitement bon. Aucun péché ni aucune mauvaise chose ne peut s'approcher de lui, car ces mauvaises choses seraient brûlées par sa sainteté.

Nous ne comprenons pas tout ce que signifie cette sainteté. Cependant, les anges et les séraphins le savent et voient cette sainteté. Ils louent Dieu jour et nuit. Ils sont ses serviteurs. Les anges sont saints eux aussi. Ils ne commettent pas de péchés, mais Dieu est encore plus saint que les anges. Voilà pourquoi les séraphins cachent leur visage et leurs pieds et appellent Dieu le « Dieu des armées ».

Si aucun péché ne peut s'approcher de Dieu, alors comment pouvons-nous aller vers lui ?

Quand nous pensons à toutes les mauvaises actions que nous faisons et à quel point Dieu est saint, comment pouvons-nous oser aller vers lui et le prier ?

Pourtant, Dieu veut que nous allions vers lui, car il est bon pour nous.

Quand Ésaïe eut sa vision, il eut peur de la sainteté de Dieu. Dieu l'a rassuré en lui disant de ne pas avoir peur. Il nous dit aussi de ne pas avoir peur. Par contre, il nous dit dans la Bible que nous pouvons aller vers lui seulement au nom de Jésus. Jésus est Saint ; Jésus est aussi Dieu, comme nous l'avons appris dans la leçon précédente. Jésus prit dans ses bras des enfants pécheurs comme nous, car il voulait les conduire à Dieu le Père. Nous aussi, aujourd'hui, nous pouvons aller vers Dieu au nom de Jésus parce que Jésus est mort pour effacer nos péchés. Par Jésus qui enlève nos péchés et nous rend purs, Dieu nous laisse venir à lui.

Quelques questions

- Comment les personnes qui ont commis des péchés peuvent-elles aller vers Dieu ?
- Pourquoi prions-nous au nom de Jésus ?
- Comment est-ce que je sais que je suis pécheur ?

Verset à mémoriser

Ils criaient l'un à l'autre : « Saint, saint, saint le SEIGNEUR de l'univers ! Sa gloire remplit toute la terre ! »

– Ésaïe 6.3

Lecture biblique

Psaumes 99

Chant

Saint, saint, saint, saint, saint est le Seigneur,
Saint, saint, saint, saint, saint est le Seigneur.
Rendons gloire à son saint nom!
Saint, saint, saint, saint, saint est le Seigneur.
Digne, digne, digne est le Seigneur,

Digne, digne, digne est le Seigneur.
Rendons gloire à son saint nom!
Digne, digne, digne est le Seigneur.

JEM 287 : Saint, saint

Prière

Dieu Saint, tu es très, très grand. Si les anges te chantent et que les montagnes tremblent, tu mérites certainement nos louanges. Nous te remercions, car nous pouvons venir vers toi au nom de Jésus, sans aucune crainte ni aucune peur. Pardonne nos fautes et rends-nous saints aussi. Amen.

12

Dieu est tout puissant

Les rois d'autrefois étaient puissants. Ils dirigeaient leur royaume. Tout le monde devait leur obéir. Ceux qui désobéissaient étaient punis.

Le roi Nabucodonosor était lui aussi un roi puissant. Il avait beaucoup de serviteurs qui devaient lui obéir. Il avait aussi une grande armée. Ses soldats étaient forts et courageux. Ils allaient là où le roi les envoyait. Nabucodonosor les envoya conquérir les pays voisins pour les ajouter à son royaume. Nabucodonosor devint ainsi un très grand roi.

Il construisit une belle ville appelée Babylone. C'était une ville de palais et de jardins. On n'avait jamais vu une aussi belle ville. Tout brillait d'or et de pierres blanches. Un jour, alors que le roi se promenait dans un de ses beaux palais, fier et heureux en regardant la beauté de la ville de Babylone, il se dit : « Je suis un grand roi. J'ai bâti cette ville si belle. Mon pouvoir m'a permis d'avoir ce grand royaume. »

Après avoir dit ces paroles, il entendit une voix venant du ciel : « Oh ! Roi Nabucodonosor, ton royaume disparaîtra. Il te sera enlevé des mains. Tes serviteurs te conduiront en dehors de tes palais. Tu vivras comme un sans-abri, comme un animal… »

Et c'est ce qui arriva au roi Nabucodonosor. Le grand roi fut chassé de ses palais. Pendant plusieurs années, il vécut dans les champs comme un animal sauvage.

Mais un jour, alors qu'il marchait dans un champ, il leva les yeux au ciel et se mit à penser à Dieu. Il commença alors à le louer en disant : « Dieu est Roi au-dessus de tout. Il fait sa volonté au ciel et sur la terre. » À ce moment-là, Nabucodonosor se sentit tout petit par rapport à ce Dieu si grand. Lorsque Nabucodonosor reconnut la grandeur de Dieu, Dieu lui redonna son royaume.

Nabucodonosor fut un grand roi ; un roi puissant. Mais il était petit à côté de Dieu. Dieu est tout-puissant. Par sa seule parole, il a créé les cieux et la terre. Tout est entre ses mains. Il guide et dirige tous les rois et les royaumes de la terre. Il dirige les cieux aussi. Il est le roi de tout et règne sur le monde entier. Nous ne sommes que sa création.

Verset à mémoriser

C'est ce que le roi Nabucodonosor a compris et c'est pourquoi il a écrit :

Il a même le pouvoir d'abaisser les orgueilleux.
– Daniel 4.34

Quelques questions

- Qui a fait de Nabucodonosor un grand roi ?
- Pourquoi Dieu lui a-t-il retiré son royaume ?
- Pourquoi Dieu le lui a-t-il redonné ?

Lecture biblique

Daniel 4.34

Chant

Car Dieu est un Dieu puissant,
Il règne de son saint lieu,
Avec sagesse, amour;
Oui, Dieu est un Dieu puissant.
Oui Dieu est un Dieu puissant.

JEM 385 : Car Dieu est un Dieu puissant

Prière

Dieu grand et tout-puissant, nous ne pouvons imaginer à quel point tu es grand, alors que nous sommes si petits. Nous te remercions pour ton amour et parce que tu prends soin de nous. Aide-nous à ne pas être orgueilleux. Aide-nous à nous souvenir que tu es le Roi des rois et que tout ce que nous avons t'appartient. Nous te louons pour toujours. Amen.

13

Dieu est fidèle

T'arrive-t-il de faire des promesses ? Est-ce que tu arrives à tenir toutes les promesses que tu fais ? Peut-être que tu promets à ta mère d'être gentil. Il est si difficile d'être toujours gentil que nous ne pouvons pas toujours tenir cette promesse.

Nous ne sommes pas les seuls à qui cela arrive. Les gens rompent très, très souvent leurs promesses. Parfois, ils les oublient. D'autres fois, ils font des promesses tout simplement impossibles à tenir.

Dieu, lui, respecte toujours ses promesses. Dieu ne fait jamais de promesses qu'il ne peut pas tenir. Les promesses de Dieu sont sûres, car Dieu est fidèle.

La Bible nous raconte que Dieu avait promis aux Israélites, son peuple, qu'il les conduirait vers un beau nouveau pays, avec des maisons, des fermes, de beaux jardins, et toutes sortes de bonnes choses à manger. Mais ce pays était bien loin. Il fallait traverser un très grand désert. De plus, il y avait des ennemis qui ne voulaient pas que les Israélites aient ce pays. Ces ennemis envoyèrent des soldats pour combattre Israël. Tous ces obstacles donnaient aux Israélites l'impression que Dieu ne pouvait pas tenir sa promesse ! Pourtant, Dieu prit soin de son peuple durant la traversée du désert. Il leur donna à manger, il leur montra le chemin à suivre, il les aida au moment des combats. C'est ainsi que, finalement, ils purent voir leur pays qui se trouvait de l'autre côté de la rivière du Jourdain. Or, le Jourdain était une rivière profonde et large. Il n'y avait pas de pont pour la traverser et parmi le peuple, il y en avait plusieurs qui ne savaient pas nager, comme les enfants et les petits animaux. On ne pouvait pas construire de bateau non plus. Le peuple eut l'impression qu'il ne pourrait pas y arriver. Alors Josué, leur chef, leur dit : « Préparez-vous à traverser la rivière. Dieu va tenir se promesse et il le fera d'une manière merveilleuse. »

Le matin, tous étaient prêts. Josué demanda aux prêtres de passer en premier, car ils portaient l'Arche. L'Arche était une belle boîte recouverte d'or. Cette boîte était un signe de la présence de Dieu parmi son peuple.

Les prêtres entrèrent donc dans l'eau. Tout d'un coup, l'eau cessa de couler à l'endroit où les prêtres se trouvaient. Puis, elle commença à s'accumuler un peu plus loin, en amont, comme si un barrage la retenait. Dieu empêchait l'eau de couler sur les prêtres qui avaient maintenant les pieds au sec. À l'endroit où coulait auparavant la rivière, se trouvait maintenant un chemin.

Les prêtres s'arrêtèrent à mi-chemin dans le lit de la rivière asséchée pour laisser passer le peuple. Lorsque tout le peuple eut traversé, les prêtres continuèrent leur marche pour atteindre l'autre côté de la rivière.

C'est ainsi que Dieu fit traverser la rivière à tout son peuple. Quand le peuple se retourna, la rivière coulait normalement comme avant. Oui, Dieu avait tenu sa promesse en les conduisant vers leur nouveau pays ; ce pays qu'il avait retiré aux hommes méchants qui y habitaient pour le donner au peuple qui l'aimait.

Quelques questions

- Est-il difficile pour Dieu de tenir ses promesses ?
- Quelles sont certaines des promesses que Dieu nous a faites ?
- Que signifie être fidèle ?

Verset à mémoriser

La Bible dit que Dieu tient toujours ses promesses, même si nous pensons qu'il ne le peut pas.

Oui, Dieu a fait des promesses et il est fidèle.
– Hébreux 10.23

Lecture biblique

Josué 21.43-45

Chant

Dieu, ta fidélité va jusqu'aux nues,
Plus vaste est ton amour que l'horizon,

Ta tendre main est toujours étendue,
Inépuisable est ta compassion.

Dieu, ta fidélité, ton immense bonté
Se renouvelle envers moi chaque jour.
Tous mes besoins, c'est ta main qui les comble,
Dieu, ta fidélité dure à toujours.

JEM 400 : Dieu, ta fidélité

Prière

Père, il est bon de savoir que tu es fidèle et saint et que tu tiens toujours tes promesses. Et tes promesses pour nous sont merveilleuses. Amen.

14

Dieu a plusieurs noms

Tous les garçons et toutes les filles ont un prénom. J'ai un prénom et tu as un prénom. Si on te demande : « Qui es-tu ? », tu réponds en disant ton prénom. Ce prénom indique qui tu es. Ta mère utilise ton prénom quand elle t'appelle, quand elle te parle ou quand elle parle de toi à quelqu'un d'autre. Si une maman appelle son garçon en disant : « Justin, viens ici. » Alizée, sa fille, n'a pas besoin de répondre. De même, si cette maman appelle Alizée, Justin n'a pas besoin de répondre.

De la même façon, le nom de Dieu nous dit qui est Dieu. Cependant, Dieu a plusieurs noms. Parfois nous l'appelons Père ou Tout-Puissant. Parfois, nous disons aussi Seigneur Jésus ou Seigneur Dieu. La Bible mentionne plusieurs beaux noms de Dieu.

Il y a très longtemps, Dieu parla à un homme appelé Moïse. Moïse voulait aider son peuple qui avait des problèmes en Égypte. Le Pharaon, qui était le roi d'Égypte, était en colère contre Moïse et pour cette raison, Moïse dut fuir à la campagne. Un jour, alors que Moïse gardait un troupeau de moutons, il vit un buisson en feu. Mais le buisson ne brûlait pas, ses branches ne brûlaient pas. Moïse s'est approché pour voir pourquoi. C'est alors que Dieu lui parla par le buisson en feu. Il dit à Moïse de retourner en Égypte pour aider son peuple. Il dit : « Va en Égypte et amène mon peuple hors de ce pays. »

Moïse était effrayé à l'idée de retourner en Égypte, car il avait peur du Pharaon. Il dit à Dieu : « Que vais-je dire si on me demande qui m'envoie ? ». Et Dieu lui répondit : « Dis-leur que c'est Je Suis qui t'envoie. Mon nom est Je Suis. »

N'est-ce pas un drôle de nom pour Dieu ? Ce nom nous révèle des vérités sur Dieu. « Je Suis » signifie que : « Je n'ai jamais eu de commencement ; j'ai toujours existé ; je ne change pas ; je serai toujours le même. » Le nom « Je Suis » signifie que Dieu est éternel, qu'il est toujours le même, qu'il est fidèle et qu'il tient toujours ses promesses.

Le plus merveilleux nom de Dieu est celui de Jésus. C'est le nom au-dessus de tout autre nom. La Bible dit qu'un jour tout genou fléchira en entendant le nom de Jésus. Ce nom nous dit qu'il est notre Sauveur.

La loi de Dieu nous indique que nous devons utiliser les noms de Dieu avec précaution. Nous devons les utiliser seulement quand nous lui parlons ou quand nous parlons de lui. Les noms de Dieu sont saints parce que Dieu est saint.

Quelques questions

- Pourquoi Moïse était-il effrayé d'aller aider le peuple de Dieu ?
- Comment le nom de Dieu pouvait-il l'aider à ne pas avoir peur ?
- Pourquoi le nom de Jésus est-il le plus beau nom ?

Verset à mémoriser

Le prophète Daniel a dit :

Béni soit le nom de Dieu, d'éternité en éternité ! À lui appartiennent la sagesse et la force.

– Daniel 2.20 (NEG)

Lecture biblique

Exode 3.1-4 ; 10-14

Chant

Jésus, c'est le plus beau nom,
Merveilleux Sauveur,
Seigneur de gloire !
Emmanuel, Dieu est avec nous,
Source de joie,
Parole de vie.

JEM 222 : Jésus, c'est le plus beau nom

Prière

(Quand nous prions Dieu, nous l'appelons et il nous entend. Prions-le)

Ô Dieu, notre Père du ciel, nous sommes heureux de pouvoir t'appeler par ton nom. Nous savons que tu nous entends. Béni sois-tu, cher Seigneur. Aide-nous à honorer ton saint nom. Amen.

VERSETS À RETENIR - PARTIE DEUX

Reconnaissez donc aujourd'hui et gardez dans votre cœur cette vérité : c'est le Seigneur qui est Dieu, là-haut dans le ciel et en bas sur la terre. Il n'y a pas d'autres dieux que lui.
Deutéronome 4.39

« Si quelqu'un se cache, je peux le voir. Je suis partout, dans le ciel et sur la terre. Vous ne savez donc pas cela ? »
Jérémie 23.24

Tu sais quand je m'assois et quand je me lève, longtemps à l'avance, tu sais ce que je pense.
Psaumes 139.2

Le SEIGNEUR est grand, il mérite des louanges, personne ne peut mesurer sa grandeur.
Psaumes 145.3

Ils criaient l'un à l'autre : « Saint, saint, saint le SEIGNEUR de l'univers ! Sa gloire remplit toute la terre ! »
Ésaïe 6.3

Il a même le pouvoir d'abaisser les orgueilleux.
Daniel 4.34

Oui, Dieu a fait des promesses et il est fidèle.
Hébreux 10.23

Béni soit le nom de Dieu, d'éternité en éternité ! À lui appartiennent la sagesse et la force.
Daniel 2.20

PARTIE TROIS

Tout ce que Dieu fait est bon

15

Dieu a fait toutes choses bonnes

As-tu vu de belles choses aujourd'hui ? Si tu as bien regardé autour de toi, tu as certainement vu quelque chose de merveilleux. Il y a tant de belles choses autour de nous. Le vaste monde dans lequel nous vivons est merveilleux. Le ciel bleu au-dessus de nos têtes est merveilleux. Les nuages blancs que l'on voit dans le ciel ressemblent parfois à de jolis bateaux. Ces nuages sont quelque chose d'extraordinaire. Ils sont composés de minuscules gouttes d'eau poussées par le vent. La nuit, des milliers et des milliers de jolies étoiles brillent bien loin au-dessus de nos têtes. Nous sommes aussi émerveillés par les fleurs, les arbres et les jolis papillons ; les fourmis qui construisent leur fourmilière, parfois très profondément sous la terre ; les animaux à fourrure qui vivent dans les forêts, comme les lapins et les écureuils. Il y a aussi les oiseaux qui volent, qui chantent et qui font de jolis nids.

Le monde est vraiment un endroit merveilleux. Mais d'où viennent toutes ces merveilles ? Nous le savons, car la Bible nous dit que Dieu a fait toutes choses, il y a très longtemps, au commencement. Avant le commencement, il n'y avait pas de ciel, pas de terre, ni de nuages, d'arbres, d'oiseaux ou de fleurs. Il n'y avait pas non plus d'êtres humains. Dieu était pourtant là. Voilà pourquoi son nom est JE SUIS, comme nous l'avons vu dans la leçon précédente. Dieu a toujours été là. Un jour, il commença à créer le monde dans lequel nous vivons aujourd'hui.

D'abord, Dieu fit le ciel au-dessus de nos têtes et la grosse planète ronde sur laquelle nous vivons, que nous appelons la Terre. Mais, au commencement, il faisait noir, comme s'il faisait toujours nuit. Alors, Dieu dit : « Que la lumière soit. » Et la lumière apparue. Dieu est lui-même lumière. Grâce à la lumière, nous pouvons voir le monde et voir Dieu dans sa création. Nous pouvons aussi apprécier toutes les autres belles choses qu'il allait ensuite créer : les océans, les lacs et les rivières, les montagnes et les collines, les arbres, l'herbe et les fleurs, les petits oiseaux et les gros éléphants. Par sa parole, Dieu les a créés. Dieu n'avait qu'à dire ce qu'il voulait créer et cela se faisait.

Tout ce que Dieu a fait est bon. Dieu est vraiment grand !

Quelques questions

- Où avons-nous appris que Dieu qui a tout créé ?
- Comment a-t-il pu créer le monde à partir de rien ?

Verset à mémoriser

Le premier verset de la Bible nous dit:
Au commencement, Dieu crée le ciel et la terre.
– Genèse 1.1

Lecture biblique

Genèse 1.20-25

Chant

Merveilleux amour,
Amour de Dieu pour moi !
Merveilleux amour,
De Jésus sur la croix !
Vaste autant que les océans,
Profond plus que les mers,
Haut, plus haut que l'azur des cieux
Est son amour.

JEM 107 : Merveilleux amour

Prière

Ô Dieu, notre Père céleste, nous te remercions d'avoir créé de belles et bonnes choses. Nous te remercions pour la Bible qui nous apprend comment tu as créé le monde par ta Parole. Amen.

16

Dieu a fait l'homme et la femme bons

Il y a beaucoup, beaucoup de monde sur la terre : des hommes et des femmes, des filles et des garçons de différentes cultures. Mais d'où viennent tous ces gens ?

C'est Dieu qui les a créés.

Au tout début, après que Dieu eut créé cette magnifique terre, Dieu créa un homme. Il fit cet homme à partir de la poussière du sol. Dieu lui donna un corps merveilleux, avec des bras et des jambes, une tête avec des yeux, des oreilles, un nez et une bouche. Il lui donna aussi un cœur qui bat et un cerveau qui pense. Ensuite, Dieu souffla dans les narines de ce premier homme, lui donnant ainsi une âme. Une âme qui vivra pour toujours. Dieu créa l'homme à son image. Ainsi, l'homme est très différent des animaux. Dieu a appelé ce premier homme, Adam.

Dieu créa aussi une femme. Pour ce faire, il endormit Adam. Quand celui-ci fut profondément endormi, Dieu lui prit une côte et créa une femme à partir de cette côte.

Lorsqu'Adam se réveilla, Dieu lui présenta cette belle femme qui allait devenir son épouse. C'est Adam qui lui donna le nom d'Ève. Adam aimait Ève. Ensemble, ils étaient heureux, sans aucun péché. Ils vivaient dans un jardin merveilleux avec des arbres, des fleurs et des animaux apprivoisés. Dans ce jardin, tout était beau et bon.

Dieu donna à Adam et Ève la capacité d'avoir des enfants. Dieu voulait qu'ils en aient. Il voulait que la terre soit remplie de gens qui l'aimeraient et le loueraient.

Quelque temps après, Adam et Ève eurent un premier enfant, un petit garçon. Adam et Ève furent très heureux et l'appelèrent Caïn. Par la suite, ils eurent d'autres enfants, des filles et des garçons. Ces enfants grandirent, puis se marièrent à leur tour pour ensuite avoir eux-mêmes des enfants. Ainsi, il y eut beaucoup de gens sur la terre.

Dieu crée tous les bébés qui naissent. Aujourd'hui, tous les êtres humains sont des enfants d'Adam et Ève. Adam fut notre premier père et Ève notre première mère. Nous le savons car la Bible nous le dit.

L'homme est la créature la plus merveilleuse de toutes, car Dieu l'a fait à son image, lui donnant un esprit pour apprendre et comprendre le monde, et plus encore, pour connaître Dieu.

Dieu créa le premier homme et la première femme purs et sans péché dans leur cœur. Dieu donna aux humains le pouvoir de s'occuper des plantes et des animaux. Dieu fit de l'homme la créature la plus importante de toutes.

Quelques questions

- Te souviens-tu à partir de quoi Dieu créa l'homme ?
- Comment Dieu lui donna-t-il une âme ?
- En quoi l'homme est-il différent des animaux ?

Verset à mémoriser

Alors Dieu crée les humains à son image, et ils sont vraiment à l'image de Dieu. Il les crée homme et femme.
– Genèse 1.27

Lecture biblique

Genèse 1.26-28 ; 2.7,8

Chant

Tu as tiré du néant la grandeur de l'univers,
Artiste au si grand talent, virtuose de la lumière,
Des milliards de galaxies, toutes les constellations,
Des soleils à l'infini et tous les astres par millions.

Dieu créateur, reçois l'adoration
D'un cœur en admiration.

JEM 896 : Création

Prière

Père du ciel, nous t'appartenons parce que tu nous as créés. Nous te remercions pour notre corps si merveilleusement créé, pour notre cœur et notre esprit qui peuvent te connaître, et pour notre âme qui vit pour toujours. Aide-nous à vivre pour toi. Amen.

17

Dieu a fait toutes choses pour sa louange

Pourquoi Dieu nous a-t-il créés ? Une chose est certaine, Dieu ne nous a pas créés parce qu'il se sentait seul, car Dieu n'est jamais seul. Il nous a créés tout simplement parce qu'il le voulait ; il l'a fait pour sa propre louange. Il a créé ce monde si beau pour que des gens y vivent, des gens qui lui ressemblent. Dieu a voulu que les hommes et les femmes soient heureux et le louent parce qu'il est grand et bon.

La création de Dieu est merveilleuse. Tout ce qu'il a créé est beau et bon. Au commencement, toute sa création le louait. Mais comment ? En reconnaissant ou en reflétant sa grandeur. Par exemple, les étoiles louent Dieu en scintillant dans le ciel nocturne. C'est Dieu qui les a placées à cet endroit. Elles montrent la grandeur de Dieu. Le soleil et la lune nous montrent également qu'il est un Dieu de lumière, de gloire et de sainteté. Le chant des oiseaux nous montre qu'il est un Dieu de joie et de bonheur. Les oiseaux qui prennent soin de leurs petits nous montrent aussi comment Dieu prend soin de nous. Le vent qui souffle fort et les vagues qui s'élèvent sur la mer nous montrent combien Dieu est fort et puissant. Les arbres et les fleurs, les papillons et les fourmis, les grandes girafes et les lions féroces, les gouttes d'eau qui nous fouettent le visage et les flocons de neige doux et blancs : tout cela nous montre à quel point Dieu est merveilleux. Toutes ces choses dont nous avons parlé louent Dieu, et c'est pour cela que Dieu les a créées : pour sa louange.

Nous louons Dieu quand nous voyons toute sa création. Nous pouvons ainsi dire « Comme Dieu est grand ! » ou bien « Dieu, tu es grand ! » Nous pouvons le louer encore mieux que ne le font les animaux, les fleurs ou les étoiles, car nous pouvons le connaître et l'aimer. Nous regardons tout ce qu'il a créé et nos cœurs chantent : « Tu es grand Seigneur ! »

Nous louons Dieu quand nous le chantons. Nous le louons quand nous le remercions d'avoir créé tant de bonnes choses pour nous, lorsque nous nous réjouissons des choses qu'il a faites. Nous louons Dieu aussi quand nous prions, quand nous lui disons que nous l'aimons et que nous avons besoin de lui. Nous louons Dieu quand nous lui obéissons et quand nous faisons sa volonté. Nous ne pourrons jamais assez le louer, car il est d'une grandeur et d'une bonté sans pareille.

Quelques questions

- Comment les oiseaux louent-ils Dieu ?
- Comment les fleurs louent-elles Dieu ?
- Pourquoi les êtres humains peuvent-ils le louer encore mieux ?

Verset à mémoriser

Ciel et terre, et vous, les mers avec tout ce qui remue en vous, chantez la louange du SEIGNEUR !

– Psaumes 69.35

Lecture biblique

Psaumes 150

Chants

Je suis né pour te louer,
Je suis né pour glorifier ton nom
En toutes circonstances,
Apprendre à te dire merci.
Je suis né pour t'aimer,
Je suis né pour t'adorer, mon Dieu,
Obéir à ta voix,
Je suis fait pour toi.

JEM 431 : Je suis né pour te louer

Prière

Dieu du ciel, toutes tes œuvres nous disent combien tu es grand. Ces œuvres te louent. Nous voulons aussi te louer. Remplis nos cœurs de joyeuses mélodies qui te louent. Amen.

18

Dieu fait toujours ce qu'il y a de mieux

Nous avons appris que Dieu est très grand. Il est tout-puissant. Il n'y a rien qu'il ne puisse pas faire. Tout est entre ses mains.

On entend parfois certaines personnes dire : « Si Dieu est si grand, pourquoi me laisse-t-il être malade ou triste ? Pourquoi les problèmes existent-ils ? » Même quand nous sommes malades ou tristes ou que nous vivons des difficultés, nous devons continuer de croire que Dieu nous aime toujours et qu'il fait ce qu'il y a de mieux pour nous.

La Bible nous raconte l'histoire d'une pauvre mère qui dut envoyer son bébé sur l'eau du Nil, un fleuve situé en Égypte. Le Pharaon avait donné l'ordre de noyer tous les garçons nouveau-nés des Israélites. Cette maman aimait vraiment beaucoup son garçon. Elle ne voulait pas le noyer dans le fleuve. Quelle chose horrible à faire ! Elle ne comprenait pas pourquoi Dieu permettait que le Pharaon donne un tel ordre. Toutefois, elle n'osa pas garder son garçon. Un jour, la maman fabriqua un petit panier qu'elle tissa soigneusement afin qu'il puisse flotter comme un petit bateau. Elle s'assura aussi qu'il n'y avait pas de trou dedans. Ensuite, elle déposa son petit garçon dans le panier et mit le panier sur l'eau.

Miriam, la sœur du bébé, surveillait le panier que sa mère avait déposé parmi les roseaux. La maman l'avait placé à cet endroit, car elle savait qu'il ne bougerait pas trop et que la princesse, la fille du Pharaon s'y baignait souvent. « Maintenant, surveille bien » dit la maman à Miriam. « Observe ce que la princesse fera lorsqu'elle trouvera le bébé. »

Quand la princesse descendit dans l'eau pour s'y baigner, elle aperçut le panier. Elle envoya donc une de ses servantes le chercher. La servante apporta le panier à la princesse. Quand elle l'ouvrit, elle vit le beau bébé qu'il y avait à l'intérieur. Le bébé commença à pleurer. Alors, la princesse eut pitié du bébé et Miriam lui demanda : « Est-ce que je dois aller chercher parmi les Israélites une maman pour le nourrir ? Elle pourra allaiter l'enfant pour toi. » Et la princesse lui dit « Oui, bien sûr ! » Alors, Miriam courut chercher la maman du bébé. La maman était tellement heureuse ! Son bébé n'allait pas être noyé. Elle pouvait en prendre soin pendant quelques années avant qu'il n'aille habiter au palais du Pharaon. La princesse lui donna le nom de Moïse.

Quand Moïse fut assez grand, la princesse le garda avec elle. Il allait maintenant vivre au palais. Il apprit tout ce que les Égyptiens savaient. Il n'était pas un esclave comme les autres membres de sa famille. Au palais, les meilleurs professeurs l'enseignaient.

Un jour, Dieu appela Moïse. Dieu se servit de lui pour délivrer son peuple des mains des Égyptiens. Pourtant, au début de cette histoire, la maman de Moïse ne comprenait pas pourquoi le Pharaon agissait ainsi. Dieu le savait. Il fait toujours ce qu'il y a de mieux.

À certains moments de notre vie, nous avons peur ou bien nous sommes tristes ou inquiets. Parfois, il y a des gens autour de nous qui nous font du mal. Mais, dis-toi que Dieu sait ce qui se passe et qu'il fait ce qu'il y a de mieux pour ceux qu'il aime. Nous devons y croire. Nous devons lui faire confiance.

Quelques questions

- Quand nous vivons des moments difficiles, est-ce que cela veut dire que Dieu ne nous aime pas ?
- Que devons-nous faire lorsque nous vivons ces moments difficiles ?
- Quel nom la princesse a-t-elle donné au bébé qu'elle a trouvé ?

Verset à mémoriser :

Tes projets sont justes et vrais.
– Apocalypse 15.3

Lecture biblique

Exode 2.1-10

Chant

Sais-tu que je t'ai formé?
Avant ta naissance, je t'ai connu.
Connais-tu mes projets d'amour pour toi?

Souviens-toi, je t'ai gravé
Dans le creux de mes mains.

JEM 488 : Sais-tu

Prière

Père céleste, aide-nous à croire que tu fais toujours ce qu'il y a de mieux. Aide-nous à te faire confiance et à être heureux avec toi, même quand nous vivons des moments difficiles. Amen.

VERSETS À RETENIR - PARTIE TROIS

Au commencement, Dieu crée le ciel et la terre.
Genèse 1.1

Alors Dieu crée les humains à son image, et ils sont vraiment à l'image de Dieu.
Il les crée homme et femme.
Genèse 1.27

Ciel et terre, et vous, les mers avec tout ce qui remue en vous,
chantez la louange du SEIGNEUR !
Psaumes 69.35

Tes projets sont justes et vrais.
Apocalypse 15.3

PARTIE QUATRE

Le péché a gâché le monde

19

Comment le péché est-il venu dans le monde ?

Quand Dieu a fait le monde, il a fait toutes choses belles et bonnes. Les premiers humains étaient parfaitement heureux. Mais aujourd'hui, les choses ne sont pas toutes belles et bonnes. Les gens ne sont pas toujours heureux.

Nous voyons autour de nous des gens qui sont malades ou qui sont tristes ; des gens qui ont de la haine ou qui sont en colère ; des gens qui sont égoïstes ou méchants. Il y a des querelles, des batailles et des guerres.

Que se passe-t-il ? Qu'est-il arrivé au monde si beau et si bon, aux hommes heureux du commencement ? C'est le péché qui est venu. Il a gâché le monde merveilleux de Dieu.
Comment le péché est-il venu dans la création de Dieu ? La Bible nous l'apprend.

Dieu a un grand ennemi nommé Satan. Satan est un ange méchant. Il hait Dieu et veut que tous les hommes haïssent Dieu aussi. Il dit des mensonges, même au sujet de Dieu.

Satan vit que Dieu avait fait une belle terre et un ciel étoilé. Il vit que Dieu avait créé Adam et Ève. Il remarqua aussi qu'Adam et Ève étaient les plus belles créatures que Dieu avait faites. Il se dit alors : « Je vais agir de manière à ce qu'Adam et Ève se mettent à haïr Dieu tout comme je le hais moi-même. Je vais gâcher la belle création de Dieu en les poussant à lui désobéir. »

Te rappelles-tu que Dieu avait donné un beau jardin à Adam et Ève. Il y avait dans ce jardin toutes sortes de fleurs et d'arbres. Des oiseaux y chantaient. Tout y était beau et des fruits délicieux y poussaient. Dieu aimait Adam et Ève et il voulait être aimé d'eux en retour. Dieu voulait qu'Adam et Ève montrent leur amour pour lui. Alors, il dit à Adam et Ève : « Vous pouvez manger tous les fruits que vous désirez dans le jardin sauf ceux d'un seul arbre. Si vous mangez ces fruits-là, vous mourrez. »

Satan entendit les paroles de Dieu. Il voulut s'entretenir avec Adam et Ève à son tour. Il alla d'abord parler à Ève alors qu'elle était toute seule. Il lui dit : « Vous ne mourrez pas si vous mangez les fruits de cet arbre. Au contraire, vous serez comme Dieu. Vous saurez ce qui est bien et ce qui est mal. » Ève écouta Satan et le crut. Elle regarda alors l'arbre interdit et trouva que les fruits étaient vraiment beaux et qu'ils donnaient envie de les manger. Elle réfléchit à ce que Satan venait de lui dire : « Vous serez comme des dieux si vous en mangez. » Elle oublia les paroles de Dieu. Elle oublia que Dieu avait créé toutes choses belles et bonnes et elle oublia qu'il l'avait créée à son image. Ève oublia tout cela et pensa qu'elle pouvait devenir encore plus merveilleuse si elle mangeait les fruits interdits par Dieu. Alors elle prit un fruit et en mangea. Elle en donna à Adam qui en mangea lui aussi.

C'est ainsi qu'Adam et Ève firent ce que Satan leur avait demandé. Ils décidèrent de faire ce qu'ils voulaient et non ce que Dieu leur avait demandé. C'est ainsi qu'Adam et Ève désobéirent à Dieu et devinrent pécheurs. Au lieu d'être à l'image de Dieu, ils sont alors devenus comme Satan. Au lieu d'aimer Dieu, ils ont commencé à avoir peur de lui et à ne plus l'aimer. Ce jour-là fut bien triste. La joie avait disparu de leurs cœurs et les malheurs arrivèrent. Le péché venait d'entrer dans le monde.

De son côté, Satan était content, mais Adam et Ève étaient tristes. Dieu était triste lui aussi.

Quelques questions

- Qui est Satan ?
- Qu'est-ce que le péché ?
- Adam et Ève aimaient-ils vraiment Dieu ?

Verset à mémoriser

Tous ceux qui commettent des péchés luttent contre Dieu.

– 1 Jean 3.4

Lecture biblique

Genèse 3.1-6

Chant

Je ne sais pourquoi dans sa grâce
Jésus m'a tant aimé,
Pourquoi par son sang il efface
Ma dette, mon péché.

Mais je sais qu'en lui j'ai la vie,
Il m'a sauvé dans son amour;
Et gardé par sa main meurtrie,
J'attends l'heure de son retour.

JEM 75 : Je sais...

Prière

Dieu grand et saint, nous inclinons nos têtes, car nous avons honte. Adam et Ève t'ont désobéi et nous aussi nous te désobéissons souvent. Pardonne-nous afin que nous devenions à nouveau comme toi. Nous voulons t'aimer et être à nouveau heureux. Amen.

20

Que sont devenus Adam et Ève ?

Te souviens-tu de ce que Dieu a dit à Adam et Ève au sujet d'un des arbres du jardin ? Te souviens-tu de ce qui devait arriver s'ils mangeaient les fruits de cet arbre interdit ? Dieu leur avait dit : « Ne mangez pas ses fruits et n'y touchez pas ! Sinon, vous mourrez. » Adam et Ève sont-ils morts après avoir mangé de ses fruits ?

Il est vrai que leur corps n'est pas mort ce jour-là. Même qu'Adam et Ève vécurent plusieurs années par la suite. Pourtant, dans un sens, ils sont morts, car ils ont été séparés de Dieu après avoir mangé du fruit interdit.

Pour être heureux, nous devons vivre avec Dieu. Il est terrible de vivre sans Dieu, d'être loin et séparé de lui. Voilà ce qui est arrivé à Adam et Ève.

Dieu avait l'habitude de venir au jardin, de se promener et de parler avec Adam et Ève. Le jour où Adam et Ève mangèrent le fruit interdit, Dieu était venu leur rendre visite, comme à l'habitude. Mais puisqu'ils avaient mangé le fruit, Adam et Ève s'étaient cachés, car ils avaient honte. Ils étaient gênés. Mais comme nous l'avons déjà vu, personne ne peut se cacher de Dieu. Alors, quand Dieu appela : « Adam où es-tu ? », Adam savait qu'il ne pouvait pas vraiment se cacher. Il sortit donc de sa cachette et dit à Dieu qu'il s'était caché parce qu'il avait eu peur. Dieu lui demanda alors : « Qu'as-tu fait ? » Adam devait maintenant avouer ce qu'il avait fait. Il avait honte et il était effrayé. Dieu est très saint, il n'y a aucun péché en lui. Le péché nous rend pécheurs et nous éloigne de Dieu. Le péché nous empêche de vivre près de Dieu.

Adam et Ève savaient qu'ils avaient péché, qu'ils avaient désobéi à Dieu. C'est pour cela qu'ils avaient peur. Ils savaient que Dieu est saint et qu'il les punirait pour leurs péchés.

Dieu annonça à Adam et Ève que les souffrances et les maladies allaient venir, qu'il leur faudrait travailler très dur pour vivre et que leur corps mourrait un jour. Puis, Dieu les chassa hors du jardin. Ils ne pouvaient plus y vivre, car ce jardin était trop magnifique pour des hommes et des femmes pécheurs. Désormais, Dieu ne viendrait plus les rencontrer et parler avec eux.

Depuis qu'Adam et Ève péchèrent en mangeant du fruit défendu, beaucoup de choses désagréables arrivèrent. Mais le plus grave fut d'être séparés de Dieu et d'avoir peur de lui. Depuis ce jour, tous les

hommes sont séparés de Dieu et le craignent. Nous ne pouvons pas nous empêcher d'avoir peur quand nous nous rappelons que Dieu est très saint et que nous sommes pécheurs.

Cependant, ce même jour, Dieu promit à Adam et Ève qu'un jour tout redeviendrait merveilleux comme avant. Dieu leur promit qu'un sauveur viendrait effacer le péché et qu'il ramènerait son peuple vers Dieu, afin que nous n'ayons plus peur. Dieu nous aime encore beaucoup.

Quelques questions

- Pourquoi Adam et Ève avaient-ils peur de Dieu ?
- Qu'ont-ils fait quand ils commencèrent à avoir peur ?
- Peux-tu expliquer de quelle façon ils sont morts ce jour-là ?
- Peux-tu nommer quelques-unes des choses désagréables qui arrivèrent le jour où Adam et Ève désobéirent ?

Verset à mémoriser

Mais ce sont vos fautes qui mettent une barrière entre vous et votre Dieu.
– Ésaïe. 59.2

Lecture biblique

Genèse 3.7-10

Chant

Éternel, j'ai entendu
Ce que tu nous as annoncé,
Et je suis saisi de craintes
Devant tant de majesté !
Ô Seigneur, fais donc ton oeuvre
Dans le courant des années,
Mais dans ta colère,
Souviens-toi de ta grande bonté!
Comme un éclat de lumière,
Sa gloire inonde l'univers;
Des rayons partent de sa main:
Voici le Dieu trois fois saint !

JEM 315 : Psaume 139.23,24

Prière

(Demandons à Dieu de nous aider à faire le bien)

Père, quand Satan veut nous inciter à mal agir, aide-nous à faire ce qui est juste et bon. Nous voulons vivre près de toi. Pardonne nos péchés au nom de Jésus. Amen.

21

Que signifie être pécheur ?

T'arrive-t-il parfois d'agir méchamment ? Tu sais, il arrive à chaque garçon et chaque fille de ne pas agir gentiment. Même les jeunes enfants agissent parfois méchamment, tout comme les adultes.

Est-ce mal d'agir méchamment ? Oui, c'est mal, parce que c'est un péché et le péché est commis contre Dieu. Sais-tu ce que cela signifie ?

Quand nous péchons, nous ne faisons pas ce que Dieu désire. Dieu nous a créés, nous lui appartenons. Nous devons agir comme Dieu nous le demande. Nous devons être ce que Dieu nous demande d'être. Nous devons l'aimer et lui obéir en tout temps. Nous devons l'aimer parce qu'il est merveilleux et parce qu'il nous aime.

Quand Adam et Ève péchèrent contre Dieu en lui désobéissant et en mangeant le fruit que Dieu leur avait interdit, le péché est entré dans le monde et a gâché la belle création de Dieu. Le péché a également souillé Adam et Ève qui sont devenus des pécheurs. Ils ont laissé Satan entrer dans leur cœur et ils ne pouvaient plus obéir à Dieu.

Les enfants qu'Adam et Ève ont eus étaient aussi pécheurs. Tous les bébés naissent maintenant avec le péché dans leur cœur. C'est pour cela que même un tout petit enfant peut mal agir. C'est triste n'est-ce pas ?

Pécher, c'est faire quelque chose que Dieu ne veut pas qu'on fasse ou c'est ne pas faire ce que Dieu voudrait qu'on fasse. Il est vrai que nous péchons très souvent contre Dieu. Parfois, nous ne voulons même pas obéir à Dieu. Nous préférons mal agir.

Mais Dieu est bon et il n'a pas cessé d'aimer Adam et Ève après qu'ils aient péché. Il n'a pas arrêté de les aimer, même s'il les a punis en leur annonçant les malheurs et les souffrances qu'ils allaient connaître à partir de ce jour. Dieu les aimait toujours. Il a pris soin d'eux. Te souviens-tu de la grande promesse qu'il leur a faite ? Il a promis qu'un jour il enverrait un sauveur qui effacerait le péché.

Dieu ne veut pas que les enfants fassent ce qui est mal, mais quand cela arrive, il continue quand même à les aimer. Il n'aime pas les choses mauvaises que nous faisons, car il déteste le péché, mais il nous aime tant qu'il a envoyé le Sauveur qu'il avait promis. Il a envoyé Jésus, son Fils, pour enlever le péché – tes péchés et mes péchés.

Nous devons aimer Dieu très, très fort. Tellement fort, au point d'essayer de ne plus pécher. Dieu est si bon pour nous.

Quelques questions
- Qui est pécheur ?
- Quel a été le premier péché d'Adam et d'Ève ?
- Quand sommes-nous devenus pécheurs ?
- Dieu a-t- il cessé de nous aimer ?

Verset à mémoriser

Nous étions tous comme des moutons perdus...
– Ésaïe 53.6

Lecture biblique

1 Jean 1.8-10

Chant

Purifie mon coeur,
Rends-moi aussi pur que l'or et l'argent.
Purifie mon coeur,
Rends-moi aussi pur que l'or.

Feu du fondeur, je n'ai qu'un désir:
Être saint, être saint,
Mis à part pour toi, Seigneur.
Oui, je choisis d'être saint,
Mis à part pour toi, mon seul maître,
Et prêt à t'obéir.

JEM 572 : Feu du fondeur

Prière

Jésus, nous sommes contents, car tu nous aimes. Je suis heureux(se), car tu m'aimes même lorsque j'agis mal. Pardonne toutes les mauvaises actions que j'ai faites aujourd'hui. Aide-moi à t'aimer de plus en plus. Amen.

VERSETS À RETENIR - PARTIE QUATRE

Tous ceux qui commettent des péchés luttent contre Dieu.
1 Jean 3.4

Mais ce sont vos fautes qui mettent une barrière entre vous et votre Dieu.
Ésaïe 59.2

Nous étions tous comme des moutons perdus...
Ésaïe 53.6

PARTIE CINQ

La loi de Dieu

22

Comment Dieu nous a-t-il donné sa loi ?

Nous avons appris que Dieu a créé chaque personne et que chaque personne lui appartient. J'appartiens à Dieu. Tu appartiens à Dieu. Et parce que nous appartenons à Dieu, nous devons vivre pour lui. Nous devons vivre pour lui faire plaisir. Nous devons vivre de la manière que Dieu le veut.

Dieu nous a dit comment nous devrions vivre en nous donnant sa loi. Cette loi nous dit ce que nous devons faire et ce que nous ne devons pas faire. Sa loi nous dit quel genre de personnes ses enfants doivent être.

Il y a bien longtemps, quand les Israélites étaient le peuple choisi de Dieu, Dieu leur a donné les dix commandements. Les Israélites vivaient alors dans des tentes autour du mont Sinaï.

Moïse, leur chef, les avait conduits hors d'Égypte. Un jour, Dieu dit à Moïse : « Dis au peuple de se préparer. Tous doivent se laver et laver leurs vêtements. Dans trois jours, je descendrai vers eux. Je viendrai sur le mont Sinaï et je leur parlerai. »

Dieu n'est jamais descendu pour parler à un autre peuple. Il s'agissait d'une visite très spéciale de la part de Dieu. Les Israélites étaient impatients. Ils nettoyèrent leurs tentes, leurs vêtements et leur corps. Très tôt, le troisième jour, les Israélites regardèrent vers le mont Sinaï depuis leur tente. Ils se demandaient comment Dieu allait descendre sur cette montagne. C'est alors qu'ils virent un nuage noir au sommet de la montagne. Ils entendirent aussi les grondements du tonnerre et virent un éclair brillant traverser le nuage noir.

Moïse leur dit : « Venez, rassemblez-vous près de la montagne ! » Lorsque tous furent là, Dieu descendit sous la forme du feu et la montagne se mit à trembler. Le peuple était effrayé. Maintenant, il pouvait voir et entendre la grandeur de Dieu.

Les gens du peuple entendirent ensuite la voix de Dieu qui disait :

Je suis le SEIGNEUR ton Dieu.
Tu ne dois pas avoir d'autres dieux que moi.
Ne fabrique pas de statues de dieux.
Ne te sers pas de mon nom n'importe comment.
N'oublie pas de me réserver le jour du sabbat.
Respecte ton père et ta mère.
Ne tue personne.
Ne commets pas d'adultère.
Ne vole pas.
Ne témoigne pas faussement contre ton prochain.
Ne désire pas pour toi la maison de ton prochain...
Ne désire rien de ce qui est à lui. »

Ces paroles sont les dix commandements. Ce sont les lois que Dieu lui-même a énoncées du haut de la montagne. Sa voix était comme le tonnerre.

Tous les gens du peuple s'éloignèrent de la montagne, car ils avaient peur, mais Moïse leur dit « Ne soyez pas effrayés. Dieu vous montre sa grandeur, vous devez lui obéir. » Le peuple promit d'obéir à Dieu, en disant : « Nous ferons tout ce que le Seigneur dira. »

Quelques questions

- Depuis quelle montagne Dieu a-t-il donné sa loi ?
- Qu'est-ce que les Israélites ont vu sur la montagne ?
- Qu'ont-ils entendu ?
- Pourquoi le peuple doit-il faire ce que Dieu lui demande ?

Verset à mémoriser

Moïse dit au peuple d'Israël :

Le SEIGNEUR votre Dieu est avec vous, et c'est un Dieu grand et terrible.
– Deutéronome 7.21

Lecture biblique
Exode 19.16-19

Chant
Il n'y a pas de plus grand amour
Que de donner sa vie pour ceux qu'on aime.
Aimons-nous les uns les autres,
Car Dieu est amour.

Gardons ses commandements
Et nous serons ses amis;
Qui demeure en son amour
Portera beaucoup de fruit.

JEM 782 : Le plus grand amour

Prière
Notre Père, nous voulons observer ta loi. Nous voulons vivre pour toi. Aide-nous à faire ce qui est juste et bon tous les jours, dans nos jeux comme dans notre travail. Amen.

23

Que signifie la loi de Dieu ?

La loi de Dieu nous montre que nous devons toujours mettre Dieu en premier. Nous devons aimer Dieu plus que toute autre personne. Nous devons obéir à Dieu avant d'obéir à quiconque. Nous devons faire tout ce que Dieu veut que nous fassions. Nous devons louer Dieu chaque jour, en toutes circonstances.

La Bible nous raconte l'histoire d'une pauvre veuve qui mit Dieu en premier. Un jour, cette femme sortit pour ramasser du petit bois. Il y avait en ce temps-là une grande famine dans le pays, parce que le peuple de Dieu était méchant. Dieu empêchait la pluie de tomber ; rien ne pouvait donc pousser. Ainsi, il n'y avait plus de blé pour faire de la farine et manger. La pauvre veuve n'avait qu'une toute petite quantité de farine et d'huile. Elle ramassait du petit bois pour faire un feu et cuisiner un pain avec les ingrédients qui lui restaient.

Alors qu'elle ramassait le bois, un homme arriva. Il portait une grosse barbe, il avait les cheveux longs et ses habits étaient poussiéreux. Il demanda à la veuve : « Pouvez-vous me donner à boire, s'il vous plaît ? », car il avait chaud et soif. La veuve lui répondit : « Bien sûr. » Alors qu'elle partait chercher un peu d'eau, l'homme lui demanda : « Apportez-moi aussi un petit pain. » À ce moment-là, la femme le regarda tristement et lui dit : « Je n'ai pas de pain. Il ne me reste qu'un peu de farine et un peu d'huile. J'étais justement en train de préparer un feu pour cuire le pain pour mon fils et moi-même. Après quoi, nous mourrons probablement de faim. »

L'homme lui dit alors : « N'aie pas peur. Prépare-moi d'abord un petit pain et apporte-le moi. Ensuite, tu en prépareras un pour toi et ton fils. Dieu a promis qu'il te restera toujours de la farine et de l'huile, et cela jusqu'à ce que la pluie revienne et que les plantes poussent à nouveau. »

L'homme qui lui parlait était Élisée, un prophète de Dieu. La veuve qui avait entendu ses paroles partit préparer le pain. Elle apporta le premier pain à Élisée, même si elle et son fils avaient très faim. Elle lui donna le premier pain, car elle savait que c'était un homme de Dieu. En faisant ainsi, elle avait placé Dieu en premier. Elle avait cru aux paroles du prophète et lui avait obéi.

Dieu avait béni cette pauvre veuve qui, par la suite, put cuisiner chaque fois que son fils et elle ou le prophète avaient faim. À chaque fois, il restait un peu de farine et d'huile, comme Dieu l'avait promis.

Quelques questions
- Que faisait la veuve lorsqu'Élisée est arrivé ?
- Qu'a demandé le prophète Élisée ?
- Comment la veuve a-t-elle montré qu'elle aimait Dieu ?

Verset à mémoriser

Si nous aimons réellement Dieu, nous essaierons toujours de le mettre en premier en toutes choses. Ce verset nous aide à nous en souvenir :

Tu dois aimer le SEIGNEUR ton Dieu de tout ton cœur...

– Deutéronome 6.5

Lecture biblique

1 Rois 17.8-16

Chant

Oh! prends mon âme, prends-la Seigneur,
Et que ta flamme brûle en mon coeur.
Que tout mon être vibre pour toi,
Sois seul mon maître, ô divin Roi.

Source de vie, de paix, d'amour,
Vers toi je crie, la nuit, le jour;
Entends ma plainte, sois mon soutien,
Calme ma crainte, toi mon seul bien !

JEM 166 : Oh ! prends mon âme
Texte de H. Arnera

Prière

Aide-nous, Père du ciel, à garder tes commandements. Le péché dans nos cœurs est très fort. Aide-nous à nous souvenir d'être aimables et bons et de t'aimer par-dessus tout. Amen.

24

La loi de Dieu est bonne

Es-tu content quand tu fais une mauvaise action ? Probablement pas, n'est-ce pas ? Mal agir ne rend pas très heureux. Désobéir à la loi de Dieu ne rend pas les adultes heureux non plus. Pour être heureux, nous devons obéir à la loi de Dieu. Nous devons aimer Dieu et savoir qu'il nous aime.

Dieu nous a créés pour son plaisir et nous ne pouvons pas être heureux si nous ne rendons pas Dieu heureux. Nous sommes heureux seulement lorsque nous obéissons à Dieu.

Te sens-tu bien quand ta mère est fâchée contre toi ? Probablement pas. Par contre, tu es probablement heureux quand tu fais quelque chose qui lui plaît. Qu'en penses-tu ? De même, nous sommes heureux quand nous plaisons à Dieu. C'est pourquoi nous devons obéir à sa loi.

Il existe une autre raison pour laquelle nous devons respecter la loi de Dieu : si nous n'obéissons pas à Dieu, il nous punira. Il doit nous punir parce qu'il est juste.

Il y a très longtemps, vivait un jeune garçon qui s'appelait Josias. La Bible nous dit qu'il était un prince. Amon, son père, était le roi des Israélites, le peuple de Dieu. Amon était un roi méchant qui n'obéissait pas à Dieu. Les autres rois avant lui avaient aussi été méchants. Ils n'aimaient pas Dieu et ne le louaient pas dans son temple. Au lieu de cela, ils adoraient des idoles. Ces rois montrèrent même aux Israélites à adorer les idoles eux aussi.

Un jour, le roi Amon fut tué et Josias, son fils, prit sa place. Il était maintenant le roi, mais il n'avait que huit ans. Pourtant lorsqu'il fut nommé roi, il dit : « Je ne serai pas un roi méchant. J'aime le Seigneur et je le servirai. »

Josias demanda alors aux Israélites de jeter leurs idoles, car il voulait que tous servent Dieu. Puis, Josias envoya quelques-uns de ses hommes au temple de Dieu. « Réparez-le et nettoyez-le. Ainsi nous pourrons à nouveau servir le Seigneur dans sa maison. », dit-il.

Ces hommes commencèrent leur travail et trouvèrent beaucoup de déchets, de portes cassées, de trous dans les murs... Puis un jour, un ouvrier courut vers le roi pour lui dire : « Regardez ! J'ai trouvé un très vieux livre dans les déchets ! »

« Lis-le-moi. », lui répondit le roi Josias.

L'homme ouvrit le livre et commença à le lire, tandis que Josias écoutait. Ce qu'il entendait était extraordinaire et terrible à la fois. Ce livre contenait la loi de Dieu. Il avait été perdu. C'était vraiment extraordinaire de pouvoir l'entendre à nouveau. Mais le livre annonçait aussi les malheurs qui arriveraient au peuple s'il adorait des idoles.

En entendant ce que l'homme lisait, le jeune roi Josias se leva et dit : « Oui, nous avons beaucoup péché contre Dieu. Nous avons désobéi à sa loi et nous allons être punis. Appelez mon peuple et lisez-lui le livre. »

C'est ainsi que tous les Israélites vinrent pour entendre la loi de Dieu. Ils entendirent ce que Dieu ferait à ceux qui désobéissaient en adorant des idoles. Ils regrettèrent alors leurs péchés, puis promirent à Dieu de faire sa volonté. La loi leur enseignait comment plaire à Dieu afin de ne pas être puni. La loi les aidait à bien se conduire.

Quelques questions

- Pourquoi la loi de Dieu est-elle bonne pour nous ?

Verset à mémoriser

Quand nous ne savons pas ce que Dieu veut pour nous, c'est comme si nous marchions dans la noirceur et que nous ne voyions rien du tout. Mais sa loi est comme une lumière. Elle nous montre ce que nous devons faire et comment nous devons vivre. Il y a très longtemps, quelqu'un a écrit ce qui suit au sujet de la loi de Dieu.

Ta parole est une lampe qui éclaire mes pas, une lumière sur ma route.

– Psaumes 119.105

Lecture biblique

2 Rois 23.1-3

Chant

Éternel! fais-moi connaître tes voies,
Enseigne-moi tes sentiers.
Conduis-moi dans ta vérité,
Et instruis-moi, et instruis-moi.

Car tu es le Dieu de mon salut,
Tu es le Dieu de mon salut,
Tu es toujours mon espérance,
Tu es toujours mon espérance.

JEM 4 : Psaume 25.4,5

Prière

Père, nous te remercions pour ta loi qui nous dit comment être heureux et bons. Aide-nous à obéir comme nous le devons. Amen.

25

Pourquoi désobéissons-nous à la loi de Dieu ?

Comment te sens-tu lorsque tu fais le bien ? Tu te sens sûrement bien n'est-ce pas ? Nous nous sentons bien lorsque nous savons que nous agissons de la bonne façon. Lorsque tu te conduis bien, tu es joyeux : tu danses, tu chantes, tu sautilles et tu joues. Mais lorsque tu sais que tu ne t'es pas bien conduit, tu n'as pas vraiment le goût de t'amuser. Ta mère et ton père ne sont pas très contents et tu ne l'es pas toi non plus. La joie disparaît.

Alors, pourquoi ne nous conduisons-nous pas toujours comme il le faut ? C'est parce qu'il est difficile de toujours bien se conduire. Même les adultes ne se conduisent pas toujours bien. Pourquoi est-ce si difficile d'être bon ?

C'est difficile, car le péché est dans notre cœur. Tu souviens-tu de l'histoire d'Adam et Ève ? Satan est venu vers Ève et il l'a encouragée à désobéir à Dieu. Adam et elle ont mangé le fruit défendu par Dieu. Le péché est alors entré dans le monde et a gâché toute la belle création de Dieu. Depuis, tous les bébés naissent avec le péché dans leur cœur. Tous les enfants, filles et garçons, ont un cœur pécheur, tout comme les adultes.

Te souviens-tu pourquoi Dieu nous a créés ? Dieu nous a créés pour que nous l'aimions, le louions et vivions pour lui. Il a dit que nous serions heureux si nous l'aimions, lui obéissions et le louions.

Mais à cause du péché, nous avons de mauvaises idées dans notre cœur. Ce sont ces mauvaises idées qui nous incitent à désobéir. Le péché dans nos cœurs nous rend de mauvaise humeur, coléreux et égoïstes. Le péché nous fait penser à d'autres choses qui devraient avoir moins d'importance que Dieu ; par exemple, l'idée de ne penser qu'à soi-même ou de ne penser qu'à s'amuser.

La loi de Dieu nous dit de l'aimer plus que tout, mais notre cœur nous dit : « Moi en premier. » La loi de Dieu nous dit de nous aimer les uns les autres, mais nous n'aimons pas l'autre autant que nous le devrions. Nous sommes égoïstes. Nous devrions plutôt penser aux autres et leur faire du bien, garder notre bonne humeur, dire la vérité, ne pas voler et obéir à nos parents.

Désobéir, mentir, voler, être égoïste ou avoir une mauvaise attitude sont tous de mauvais comportements qui restent dans notre cœur. Les mauvaises pensées sont profondément enracinées en nous. Nous faisons ce que nous avons décidé de faire au lieu de faire ce que Dieu nous demande ou ce que nos parents nous demandent. Le péché est solidement attaché à notre cœur. Satan essaie d'influencer notre cœur, tout comme il a fait avec Ève, en nous disant de pécher.

Nous pouvons être tristes en pensant que le péché reste dans notre cœur. Mais la bonne nouvelle, c'est que nous pouvons demander pardon à Dieu pour nos mauvaises actions et Dieu, dans sa grâce, nous pardonne.

Quelques questions

- Pourquoi devons-nous être bons et bien nous conduire ?
- Pourquoi est-il impossible pour nous de toujours faire le bien ?
- Qui peut nous aider et nous rendre bons ?

Verset à mémoriser

Personne ne fait le bien, même pas un seul !
– Psaumes 53.4

Lecture biblique

Psaumes 130

Chant

Pardon, pardon d'avoir jugé,
Pardon, pardon d'avoir condamné,
Pardon, pardon d'avoir blessé,
Pardon, pardon d'avoir critiqué.

C'est vrai, mon cœur est tortueux;
C'est vrai, il est dur et orgueilleux,
Et sans toi, je ne peux pas changer,
Seigneur, viens m'apprendre à aimer.

(JEM 641 : Pardon)
© 1998 François Reymond

Prière

Ô Dieu, s'il te plait, donne-moi un cœur pur afin que je puisse vivre pour toi. Aide-moi à être obéissant et bon. Je ne peux pas le faire sans ton aide, parce que mon cœur est pécheur. Entends ma prière, Seigneur Jésus. Amen.

26

Pourquoi le péché doit-il être puni ?

Ton père et ta mère te punissent-ils parfois ? Te disent-ils, par exemple, d'aller t'asseoir sur une chaise ou d'aller réfléchir dans ta chambre ? Selon toi, pourquoi tes parents te punissent-ils ? C'est parce que toute mauvaise conduite devrait recevoir une conséquence. Tes parents font donc ce qui est juste, car ta punition est la conséquence de ta mauvaise action.

Ta mère et ton père te montrent ainsi ce qui est bien. La punition t'aide à ne plus mal te conduire, n'est-ce pas ? En ce sens, on peut dire que la punition est bonne pour nous. Elle est toute aussi bonne pour les adultes, tu sais. La punition nous aide à comprendre comment plaire à Dieu.

Dieu est saint. Te souviens-tu comment les séraphins le louaient en disant : « Saint, Saint, Saint ! » ? Dieu n'a pas de péché ; il est pur et bon. Il veut que nous soyons purs et bons comme lui.

Parce que Dieu est très saint, il ne peut pas laisser nos mauvaises actions impunies. Si nous lui désobéissons, nous méritons la punition. En désobéissant à nos parents, nous péchons contre eux, mais aussi contre Dieu, car Dieu a demandé aux enfants d'obéir à leurs parents.

Le péché est entré dans le monde quand Adam et Ève ont péché. Tu t'en souviens n'est-ce pas ? Et bien par la suite, le péché a continué de s'étendre et les gens sont devenus de plus en plus méchants.

Dieu a pourtant été bon avec les gens. Il ne les a pas punis tout de suite et a attendu bien longtemps. Il voulait que tous reviennent vers lui et le servent à nouveau. Mais un jour, en regardant les hommes, Dieu ne vit qu'une seule famille qui essayait de faire le bien et de le servir. C'était la famille de Noé. Toutes les autres personnes étaient méchantes. Ils faisaient le mal et rendaient le monde cruel.

Dieu dit alors : « Je vais détruire les hommes de cette terre et éliminer leur méchanceté. » Dieu avertit Noé que la terre serait couverte d'eau, car il allait envoyer un déluge. Dieu dit à Noé de construire une arche, un grand bateau, qui devait ressembler à une maison à trois étages avec une porte et une fenêtre. Noé et ses fils travaillèrent fort pour bâtir ce grand bateau. Ils avertirent aussi leurs voisins qu'il y aurait un déluge, mais personne ne les crut.

Quand ils eurent fini de construire l'arche, Noé et sa famille montèrent à bord, accompagnés des animaux que Dieu voulait sauver. Lorsque tous furent embarqués, Dieu envoya une pluie qui recouvrit toute la terre. Tous les hommes méchants se noyèrent. Seulement ceux qui étaient dans l'arche furent sauvés. Le déluge fut une terrible punition.

La Bible nous dit que tout péché doit être puni – mes péchés et tes péchés aussi. La Bible dit aussi que les pécheurs qui ne se tournent pas vers Dieu sont perdus pour toujours.

Quelques questions

- Pourquoi la punition est-elle juste et bonne ?
- Comment Dieu punit-il les pécheurs ?
- Devons-nous nous mettre en colère lorsque nous sommes punis ?

Verset à mémoriser

Oui, avec le péché, ce qu'on gagne, c'est la mort.
– Romains 6.23

Quand Dieu envoya le déluge, il sauva Noé, car Dieu est très bon et bienveillant. Il expliqua à Noé quoi faire pour être sauvé. Il nous explique comment nous pouvons être sauvés aussi. Voilà ce que nous apprendrons dans la prochaine leçon.

Lecture biblique

Genèse 8.6-16

Chant

Pardon, Seigneur, pardon
Pour notre orgueil, nos résistances;
Viens enlever nos suffisances
Et chasser notre arrogance.

Pardon, Seigneur, pardon
Pour toutes nos pensées impures;
Viens changer nos cœurs si durs,
Nos raisonnements obscurs.

Ô relève-nous, nous sommes tombés si bas.
Ô relève-nous, par ta grâce et ton pardon,
Aie pitié de nous,

JEM 642 : Pardon, Seigneur, pardon

Prière

Dieu grand et saint, nous savons que notre cœur est pécheur. Nous méritons d'être punis comme l'a été le peuple méchant du temps de Noé. Ô Dieu, sois bon envers nous et pardonne nos péchés, au nom de Jésus. Amen.

VERSETS À RETENIR - PARTIE CINQ

Le SEIGNEUR votre Dieu est avec vous, et c'est un Dieu grand et terrible.
Deutéronome 7.21

Tu dois aimer le SEIGNEUR ton Dieu de tout ton cœur...
Deutéronome 6.5

Ta parole est une lampe qui éclaire mes pas, une lumière sur ma route.
Psaumes 119.105

Personne ne fait le bien, même pas un seul !
Psaumes 53.4

Oui, avec le péché, ce qu'on gagne, c'est la mort.
Romains 6.23

PARTIE SIX

Dieu nous aime

Bible

27

Dieu nous a donné son fils

Te souviens-tu de la dernière leçon sur le péché ? Nous avons appris que nous sommes tous pécheurs et que nous méritons d'être punis. Selon la justice de Dieu, le péché doit être puni. Dieu ne veut pas nous punir, car il nous aime même quand nous faisons le mal. Te rappelles-tu qu'il a sauvé Noé dans l'arche ? C'est une histoire extraordinaire, mais il y a une histoire encore plus extraordinaire ; c'est l'histoire de notre salut, car c'est par le salut que nous sommes sauvés du péché.

Sais-tu ce que Dieu a fait pour nous sauver du péché ? Il a envoyé son seul fils pour être puni à notre place. Par la mort de son fils Jésus sur la croix, Dieu a puni nos péchés. Ainsi, si nous croyons en Jésus, nous n'avons plus besoin d'être punis pour nos péchés.

La Bible nous raconte que Jésus est venu sur la terre en tant que bébé. Il est né à Bethléem. Sa mère, Marie, l'avait placé dans une mangeoire pour animaux, car elle n'avait pas de berceau. Une mangeoire est une boîte de bois dans laquelle on met la nourriture pour les animaux. Ce même soir-là, pas très loin de l'étable, des bergers gardaient leur troupeau sur les collines de Bethléem. Soudain, les bergers virent une lumière resplendissante qui semblait venir du ciel. C'était un ange lumineux qui descendait du ciel. Les bergers avaient terriblement peur, mais l'ange leur dit de ne pas être effrayés, car il avait une bonne nouvelle à leur annoncer : « Aujourd'hui, dans la ville de David, votre Sauveur est né, c'est le Christ, le Seigneur. » C'était certainement une nouvelle merveilleuse. Il y avait si longtemps que Dieu avait promis un sauveur, et voilà que ce Sauveur était là !

Les bergers virent alors une foule d'anges dans le ciel qui chantaient : « Gloire à Dieu ! » Les bergers se levèrent pour regarder les anges et écouter leur chant merveilleux. C'était la première fois qu'on entendait une telle chorale d'anges ! Une fois les anges retournés au ciel, les bergers se précipitèrent vers Bethléem. Là, ils y virent le Sauveur, le petit enfant appelé Jésus. Les bergers étaient vraiment très, très heureux.

Jésus vécut sur la terre pendant trente ans. Il fit beaucoup de bonnes choses. Il guérit les malades. Il rendit la vue aux aveugles. Il fit du bien dans plusieurs villes. Mais la chose la plus importante qu'il fit fut de s'offrir lui-même en mourant pour nous sur une croix. Il mourut sur cette croix pour nos péchés afin de recevoir la punition que nous méritions.

Cela nous montre à quel point Dieu est bon. Il nous aime tellement qu'il a envoyé son fils mourir à notre place. Jésus aussi nous a aimés, au point qu'il était prêt à mourir sur la croix pour nous.

Dieu donne maintenant la vie éternelle à ceux qui croient en Jésus. Nous vivrons avec lui pour toujours. Nous l'aimerons, le servirons et nous serons heureux pour toujours.

Quelques questions

- Pourquoi les anges ont-ils chanté à la naissance de Jésus ?
- Qu'a fait Jésus pour nous quand il est venu sur la terre ?
- À quel point Dieu nous aime-t-il ?

Verset à mémoriser

Mais avec Dieu, ce qu'on reçoit gratuitement, c'est la vie avec lui pour toujours, en union avec le Christ Jésus, notre Seigneur.
– Romains 6.23

Lecture biblique

Luc 2.8-18

Chant

Magnifique est le Seigneur.
Tout mon coeur pour chanter Dieu.
Magnifique est le Seigneur.

Alléluia, alléluia.
Alléluia, alléluia.
Alléluia, alléluia.

JEM 289 : Magnifique est le Seigneur

Prière

Notre cœur doit se réjouir quand nous pensons à Jésus qui est venu pour être notre Sauveur. Remercions Dieu pour ce si grand amour.

Père, comment pouvons-nous te remercier de ce si grand cadeau que nous célébrons à Noël ? Ô Jésus, combien nous t'aimons parce que tu es mort sur la croix à notre place. Aide-nous à être toujours plus reconnaissants et à chanter les louanges de Dieu comme les anges l'ont fait. Amen.

28

Dieu prend soin de nous

Dieu nous aime beaucoup. Il a prouvé son grand amour en envoyant son fils, Jésus, mourir pour nous. S'il nous aime tant, il prendra certainement toujours soin de nous. La Bible nous dit que quoiqu'il arrive, Dieu prend soin de nous et veille sur nous le jour et la nuit.

Te souviens-tu de David, le jeune berger qui devint un grand roi ? David aimait Dieu et il savait que Dieu l'aimait aussi. David écrivit de nombreux psaumes et chants. Certains d'entre eux sont dans la Bible. L'un de ces psaumes est appelé le Psaume du Bon Berger. Quand David était berger, il prenait soin de son troupeau. Il lui trouvait de l'herbe et le conduisait vers l'eau quand il avait soif. Quand le soleil était chaud, il l'emmenait à l'ombre pour qu'il se repose. Il surveillait sans cesse son troupeau pour éviter que les agneaux se perdent ou qu'ils tombent du haut des rochers. Il surveillait ses petits moutons pour qu'il n'y ait pas d'ours ou de lion qui viennent pour en attraper un. Avant que la nuit ne tombe, il rassemblait tout le troupeau pour le conduire à la bergerie. Là, les moutons étaient au chaud et en sécurité. Puis, David se couchait ensuite devant la porte afin que rien ne puisse arriver aux moutons durant la nuit. David était un très bon berger, capable de donner sa vie pour protéger son troupeau.

David pensait au soin qu'il apportait à son troupeau et il se disait que Dieu aussi prend soin de son propre troupeau. C'est pour cela que David écrivit ce psaume qui compare Dieu à un berger. David se considérait comme un mouton du troupeau de Dieu. Il savait que Dieu est un grand berger.

Un jour, Jésus dit à ses disciples : « Je suis le bon berger. ». Oui, le Seigneur Jésus est un bon berger, un berger très spécial parce qu'il veille toujours sur nous tous. Il ne dort jamais. Qui sont les brebis de Jésus ? Le sais-tu ?

Les brebis de Jésus sont les gens du peuple de Dieu. Jésus prend soin de chacune de ses brebis, tout comme David prenait soin des siennes. Les filles et les garçons sont les brebis de Jésus. Il les aime toutes et veille sur elles, comme David veillait sur son troupeau. Dieu nous aime. Il prend soin de nous.

Quand nous nous souvenons de l'amour de Dieu, nous nous réjouissons même si nous sommes malades. Nous pouvons être heureux même durant les moments difficiles. Nous serons aussi heureux lorsque nous mourrons et irons au ciel. Là, nous pourrons voir notre Bon Berger.

Quelques questions

- Que signifie : je ne manquerai de rien ?
- Que signifie la dernière phrase du psaume ?

Verset à mémoriser

Le SEIGNEUR est mon berger, je ne manque de rien.

– Psaumes 23.1

Lecture biblique

Psaumes 23

Chant

L'Éternel est mon berger,
Je ne manquerai de rien.
Il me fait reposer dans de verts pâturages.
L'Éternel est mon berger,
Je ne manquerai de rien.
Il me dirige près des eaux paisibles,
Il restaure mon âme.
L'Eternel est mon berger,
Je ne manquerai de rien.
Il me conduit dans les sentiers de la justice
A cause de son nom.

Quand je marche dans la vallée
De l'ombre de la mort,
Je ne crains aucun mal,
Car tu es avec moi.
Car tu es avec moi.

JEM 264 : L'Éternel est mon berger

Prière

Lisons ce poème en guise de prière.

Jésus, doux berger, écoute-moi,
Bénis ta brebis en cette soirée,
Toute la nuit reste auprès de moi,
Pour que je sois en paix jusqu'à mon lever.
Amen.

29

Dieu fait tout pour notre bien

Si Dieu nous aime et prend soin de nous, alors pourquoi vivons-nous encore des moments difficiles ? Les enfants de Dieu sont parfois malades. Ils peuvent avoir mal ou avoir de la peine. Quand de telles choses nous arrivent, est-ce parce que Dieu oublie de prendre soin de nous ?

Non, ces difficultés nous arrivent pour notre bien. Cela semble bien étrange, n'est-ce pas ? Comment nos moments difficiles et nos peines peuvent-ils être pour notre bien ? À ce sujet, la Bible nous raconte une histoire merveilleuse, celle de Joseph. Comme nous le verrons, les soucis et les peines de Joseph arriveront pour son bien et celui de son peuple.

Joseph avait dix frères qui n'étaient pas toujours de bons garçons. Parfois, ils agissaient très mal. Joseph, lui, était un bon garçon. Bien qu'il y avait du péché dans son cœur, il essayait tout de même de bien se conduire. Jacob, son père, l'aimait beaucoup. Quelquefois, Joseph racontait à son père les mauvaises actions de ses frères, ce qui les mettait en colère contre lui. Peu à peu, les frères de Joseph commencèrent à le haïr.

Un jour, Jacob envoya Joseph voir ce que faisaient ses frères. Ils étaient bien loin de la maison pour chercher de bons pâturages pour leurs troupeaux d'animaux. En voyant Joseph arriver, les frères se dirent les uns aux autres : « Débarrassons-nous de Joseph ! » Quand Joseph arriva auprès d'eux, ils le saisirent et le jetèrent dans un trou profond et sombre. Joseph les supplia de le laisser sortir pour pouvoir rentrer à la maison, mais ses frères ne l'écoutèrent pas.

Au bout d'un certain temps, des hommes arrivèrent à dos de chameaux. Les frères de Joseph se dirent entre eux : « Vendons Joseph à ses hommes. Ainsi, ils l'emmèneront loin et nous ne le reverrons plus jamais. Nous serons débarrassés de lui et nous dirons à notre père qu'un animal l'a tué. » C'est ainsi qu'ils vendirent Joseph et annoncèrent à leur père que Joseph était mort. Mais la vérité était que les hommes à chameau avaient emmené Joseph en Égypte. Là, il devint un esclave.

Les années passèrent et il y eut une famine. Il était très difficile de trouver de la nourriture. Il n'y avait plus de pluie : les plantes ne pouvaient donc pas pousser ni produire de la nourriture. Les frères de Joseph n'avaient plus rien à manger. Un jour, Jacob dit à ses fils : « J'ai entendu dire qu'il y a du pain en Égypte. Allez-y et achetez-en. »

Là-bas, ils rencontrèrent un homme important qui administrait les biens du roi. Cet homme leur parla sévèrement en les accusant d'être des espions et des voleurs. Il les mit en prison pendant quelques jours. Les frères avaient peur et pensaient que Dieu les punissait pour ce qu'ils avaient fait à Joseph. Quelle frayeur et quelle surprise les frères ont-ils eues lorsque cet homme leur révéla qu'il était en fait leur frère Joseph ! Il avait attendu un certain temps avant de leur annoncer. Lorsqu'il fit connaître son secret, Joseph les rassura en leur disant : « N'ayez pas peur. Je ne vous punirai pas. Vous avez commis le mal, mais Dieu l'a transformé en bien. Il y a du blé pour nous tous en ce temps de famine. »

C'est ainsi que le malheur de Joseph fut transformé en bien pour lui-même et pour le peuple de Dieu. Nous devons croire que tout ce qui nous arrive est pour notre bien, parce que Dieu nous aime. Il ne permettra pas qu'il nous arrive quelque chose qui ne serait pas bon pour nous.

Quelques questions

- Connais-tu autre chose de l'histoire de Joseph ?
- Devrions-nous nous plaindre quand nous sommes malades ou tristes ?
- Toutes choses arrivent pour notre bien si… si, quoi ?

Verset à mémoriser

Dieu fait tout pour le bien de ceux qui ont de l'amour pour lui.

– Romains 8.28

Lecture biblique

Genèse 45.1-8

Chant

Quand j'ai vu tes mains
Guérir tant de malades,
Quand j'ai vu tes mains
Qui rompaient du pain,
Pour nourrir tout autour de toi
Des milliers d'hommes

Seigneur en retour, reçois mon amour !

JEM 203 : Quand j'ai vu tes mains

Prière

Cher Père, aide-nous à toujours penser à ton grand amour. Ainsi, nous pourrons te louer, même dans nos moments difficiles, et lorsque nous sommes malades. Amen.

30

Les anges de Dieu veillent sur nous

Tout grand roi a des serviteurs. Ces serviteurs font tout ce que le roi leur demande. Ils vont là où le roi les envoie. Dieu est le plus grand de tous les rois. Il règne sur toute la terre et dans le ciel. Il a beaucoup de serviteurs. Les anges sont les serviteurs de Dieu.

Avant même de créer Adam et Ève il y a très longtemps, Dieu avait créé les anges. Ceux-ci sont au service de Dieu et sont heureux. Ils le louent et font tout ce que Dieu leur demande.

Nous ne voyons pas les anges parce qu'ils sont esprits, mais nous savons que Dieu les envoie sur la terre pour veiller sur nous et nous aider. Ils viennent dans nos maisons, nos églises, nos écoles. Ils vont là où Dieu leur demande d'aller.

La Bible nous raconte l'histoire d'un homme courageux nommé Daniel. Daniel osa prier Dieu alors que le roi de Babylone l'avait interdit. Daniel aimait Dieu.

Ce roi fit écrire une loi qui disait : « Pendant trente jours, personne ne pourra prier son dieu. C'est à moi seulement qu'on doit demander ce dont on a besoin. Si un homme prie son dieu, il sera jeté aux lions. »

Daniel avait l'habitude de se mettre à genoux pour prier Dieu trois fois par jour. Quand il entendit parler de la nouvelle loi, il rentra chez lui et se mit à genoux, comme il avait l'habitude de le faire. Les fenêtres de sa maison étaient ouvertes, aussi quelques personnes le virent se mettre à genoux pour prier. Comme ils détestaient Daniel, ils se précipitèrent vers le roi pour lui annoncer que Daniel avait désobéi. Ces gens voulaient que Daniel soit puni. Ils dirent : « Ô Roi, selon la nouvelle loi, personne ne peut prier son dieu durant trente jours, sinon il sera jeté aux lions. Et bien, nous avons vu Daniel à genoux en train de prier. » Le roi devint triste, car il aimait Daniel, mais il ne pouvait pas laisser quelqu'un désobéir à sa loi. Il envoya donc des serviteurs prendre Daniel pour le jeter aux lions. Pauvre Daniel !

Quand on le jeta au fond de la fosse, les lions affamés s'apprêtaient à le dévorer. Mais… ce n'est pas ce qui s'est passé ! Les lions n'ont pas pu dévorer Daniel. Pourtant, ils avaient faim et voulaient manger Daniel, mais Dieu avait envoyé un ange qui les retenait loin de Daniel. Les lions ne pouvaient même pas ouvrir leur gueule pour l'attraper.

Le matin suivant, le roi se précipita vers la fosse et l'appela : « Daniel, ton Dieu a-t-il été capable de te sauver ? » Et Daniel lui répondit : « Mon Dieu a envoyé son ange pour fermer la gueule des lions. »

De nos jours encore, Dieu envoie ses anges pour prendre soin de ses enfants. Nous ne pouvons pas les voir, mais nous savons qu'ils sont proches de nous, car la Bible le dit.

Quelques questions

- Quelle histoire de la Bible nous parle d'anges qui louent Dieu ?
- Penses-tu que les anges sont heureux de servir Dieu ?
- Comment les anges nous aident-ils ?

Verset à mémoriser

Le SEIGNEUR donnera l'ordre à ses anges de te protéger partout où tu iras.

– Psaumes 91.11

Lecture biblique

Daniel 6.17-23

Chant

Notre Dieu est capable de nous délivrer,
Notre Dieu est capable de nous délivrer,
De la fournaise ardente,
De la fosse aux lions.
C'est dans le Tout-Puissant
Que nous nous confions !

JEM 31 : Daniel 3.17
© Musikverlag Klaus Gerth

Prière

Père, nous te remercions pour les anges qui veillent sur nous. Aide-nous à être des serviteurs joyeux comme les anges, prêts à faire ta volonté. Amen.

31

Dieu veut que nous soyons heureux

As-tu remercié Dieu aujourd'hui pour les bonnes choses qu'il t'a données ? Dieu te donne beaucoup de bonnes choses. Chaque jour, il te comble de toutes sortes de bénédictions.

Il t'a donné des personnes qui t'aiment et qui prennent soin de toi. Il t'a donné une maison, de la nourriture et tout ce dont tu as besoin. Il t'a aussi donné de beaux vêtements chauds.

Dieu envoie tantôt le soleil, tantôt la pluie. La pluie comme le soleil sont de bonnes choses. La neige aussi est un cadeau. Les flocons sont si beaux et nous avons tant de plaisir à jouer dans la neige ! Dieu a créé les oiseaux qui chantent et les fleurs qui poussent dans les jardins, les bois ou le long des routes. Dieu nous a donné une belle terre pour que nous soyons dans la joie. Il a créé le soleil qui se lève chaque matin et se couche chaque soir. Parfois, quand le soleil se couche, il colore le ciel de toutes sortes de belles couleurs. La terre est remplie de ses beaux cadeaux et tout cela nous donne de la joie.

Quand Dieu a fait Adam et Ève, il les a placés dans un beau jardin, rempli de belles choses qui les rendaient heureux. Mais Adam et Ève ont péché, comme tu le sais. Alors, Dieu aurait pu leur dire : « Vous ne méritez plus toutes ces belles choses, je vais vous enlever tout cela. » Mais ce n'est pas ce que Dieu a dit.

Bien sûr, Adam et Ève ont été chassés du jardin. Dieu leur a dit qu'ils allaient devoir travailler dur pour vivre. Il les a avertis que ce serait difficile et qu'il y aurait certainement des embûches. Adam et Ève allaient maintenant être tristes et souffrir. Toutefois, Dieu leur a laissé beaucoup de belles et bonnes choses qui les rendraient heureux malgré tout. Dieu a été très bon avec eux, tout comme il est très bon pour nous aussi. Il nous donne de nombreuses choses qui nous rendent heureux.

Pourquoi Dieu nous donne-t-il de bonnes choses ? Parce qu'il nous aime. Même si nous péchons chaque jour contre lui, il nous aime toujours. Nous savons qu'il nous aime parce qu'il nous donne des choses qui nous rendent heureux et qui rendent notre vie agréable.

Quand nous pensons à tout ce qu'il nous donne, nous avons envie de l'aimer de plus en plus. Nous voulons le remercier et le louer. C'est aussi ce que Dieu veut. Il veut que nous l'aimions. Il se réjouit quand nous l'aimons. C'est en aimant Dieu avant tout et en essayant de lui plaire que nous connaîtrons la véritable joie.

Quelques questions

Pourquoi devrions-nous être heureux ?

Peux-tu nommer quelques-unes des bonnes choses que Dieu nous donne aujourd'hui ?

Comment pouvons-nous remercier Dieu pour sa bonté ?

Verset à mémoriser

SEIGNEUR, je veux te dire merci de tout mon cœur, je veux raconter toutes tes actions magnifiques.

– Psaumes 9.2

Lecture biblique

Psaumes 100

Chant

Réjouissez-vous
Toujours dans le Seigneur!
Je le répète: réjouissez-vous!

JEM 46 : Philippiens 4.4
© 1976 Gerth Medien Musikverlag

Prière

Nous te remercions Père du ciel, premièrement pour Jésus qui est mort pour nous. Nous te remercions aussi pour toutes les bénédictions que tu nous envoies chaque jour, même quand nous agissons mal. Nous voulons essayer de faire ta volonté pour te montrer notre reconnaissance. Alors, nous pourrons être heureux. Amen.

VERSETS À RETENIR - PARTIE SIX

Mais avec Dieu, ce qu'on reçoit gratuitement, c'est la vie avec lui pour toujours, en union avec le Christ Jésus, notre Seigneur.
Romains 6.23

Le Seigneur est mon berger, je ne manquerai de rien.
Psaumes 23.1

Dieu fait tout pour le bien de ceux qui ont de l'amour pour lui.
Romains 8.28

Le SEIGNEUR donnera l'ordre à ses anges de te protéger partout où tu iras. Psaumes 91.11

SEIGNEUR, je veux te dire merci de tout mon cœur, je veux raconter toutes tes actions magnifiques.
Psaumes 9.2

PARTIE SEPT

Ce que Jésus a fait

32

Jésus est venu du ciel

Sais-tu à quel moment ta vie a commencé ? Elle a commencé le jour de ta naissance. Chaque année, tu célèbres ce jour, car c'est ton anniversaire. Chaque année nous nous rappelons le jour de notre naissance. Ta maman se souvient très bien de ce jour. Tu étais un tout petit bébé, un bébé chéri.

Jésus aussi est né petit bébé. Mais Jésus n'a pas commencé à vivre le jour de sa naissance, car Jésus vivait depuis déjà très longtemps avant cela. Vois-tu, Jésus est Dieu, et Dieu a toujours vécu. Jésus, qui est le Fils de Dieu, vivait dans les cieux avec Dieu le Père et Dieu le Saint-Esprit, longtemps, longtemps avant que la terre ne soit créée.

Te souviens-tu qu'au début de la création tout était beau et bon sur la terre ? Adam et Ève étaient des créatures merveilleuses faites à l'image de Dieu, mais le péché est venu dans le monde et a tout gâché. Dieu fut attristé par la douleur et les difficultés qu'avait entraînées cet événement. Il dit : « Nous allons envoyer un Sauveur. » Puis, à son tour, Jésus dit : « Je suis prêt à aller sur la terre et à être ce Sauveur. » Le Saint-Esprit donna un corps à Jésus, qui naquit comme un petit bébé. Il est né dans la ville de Bethléem. La nuit de sa naissance, des milliers d'anges chantèrent ! Ils étaient si heureux que Jésus aille sur terre pour être notre Sauveur.

Quel changement pour Jésus ! Il quittait le ciel pour venir sur la terre ! Le ciel est rempli de sa gloire. Là, il n'y a pas de maladie, pas de tristesse, pas de péché. Pourtant, Jésus a quitté cette si belle maison, son Père et les anges pour venir sur notre terre où le péché existe.

Jésus était riche dans le ciel. Tout lui appartenait, mais il a laissé au ciel toutes ses richesses et toute sa gloire pour venir sur la terre et vivre pauvrement. Il dut naître dans une étable, car il n'y avait pas de maison pour l'accueillir à sa naissance. Et sa mère dut le déposer dans une mangeoire pour animaux, car il n'y avait pas de berceau non plus pour lui.

Dans le ciel, Jésus était tout-puissant. Il était le Seigneur du ciel, de la terre et des anges. Quand Jésus est né, il ne pouvait rien faire du tout. Les bébés ont tous besoin d'une mère qui prend soin d'eux. Jésus, comme tous les bébés, était sans défense et il avait besoin d'une mère. Jésus est devenu comme nous, sauf que contrairement à nous, il n'avait pas de péché dans son cœur, comme il y en a dans le nôtre dès notre naissance.

L'histoire de la naissance de Jésus est l'histoire la plus extraordinaire de la Bible. C'est même l'histoire la plus merveilleuse du monde et du ciel ! Imagine : Jésus, le Fils de Dieu, est devenu un bébé ! Il est devenu un bébé pour être notre Sauveur, parce que Dieu nous aime tant et qu'il a voulu nous sauver !

Quelques questions

- Qu'était Jésus avant de devenir un bébé ?
- Pourquoi est-il venu sur la terre ?
- Qu'a-t-il laissé dans les cieux ?

Verset à mémoriser

Il était riche, mais pour vous, il s'est fait pauvre, afin de vous rendre riches par sa pauvreté
– 2 Corinthiens 8.9

Lecture biblique

Jean 3.16,17

Chant

Comme l'histoire de la naissance de Jésus est si extraordinaire, nous la chantons le jour de Noël et aussi d'autres jours.

Tu es le Dieu puissant,
Tu règnes dans l'univers.
Tu es le Dieu vivant,
Pour nous un Père.

Tu es le Dieu très saint,
Parfait à l'infini.
Tu es celui qui vient
Et pour nous un ami.

JEM 273 : Tu es le Dieu puissant

Prière

Ô notre Père, comme ce jour de la naissance de Jésus fut un beau jour ! Nous te remercions, Jésus, pour ta venue sur terre pour nous sauver. Esprit Saint, aide-nous à aimer Jésus de plus en plus. Amen.

33

Jésus a obéi à Dieu

Te souviens-tu du nom du premier homme que Dieu a créé ? Te souviens-tu du nom de la première femme que Dieu a créée ? Tu sais qu'Adam et Ève vivaient dans un magnifique jardin. Tout ce qui était autour d'eux était beau et ils étaient très heureux jusqu'au jour où ils ont désobéi à Dieu. Pourquoi ont-ils désobéi à Dieu ?

Dieu a un ennemi : Satan. Satan déteste Dieu. Il a tenté Adam et Ève. C'est lui qui les a conduits à pécher contre Dieu. Satan s'est réjoui de leur désobéissance.

Quand Jésus est venu sur terre, Satan a aussi essayé de le faire désobéir. La Bible nous raconte comment Satan a tenté Jésus.

Satan attira Jésus dans le désert, un endroit sauvage et isolé. Pendant quarante jours, il essaya de faire en sorte que Jésus désobéisse à Dieu. Ce ne fut pas facile pour Jésus de dire « non » à Satan chaque fois qu'il essayait de le faire désobéir.

Un jour, à la toute fin de leur rencontre, Satan emmena Jésus sur une très haute montagne. De là, on pouvait voir très loin. Satan montra à Jésus les grandes villes du monde, les palais d'or et d'argent, les rois et les princes, et les grandes armées. « Tout ceci est à moi, dit Satan. Je te le donne, si tu t'agenouilles devant moi et m'adores. » Jésus lui répondit : « Va-t'en Satan ! La Bible dit que nous devons adorer seulement le Seigneur notre Dieu. » Jésus ne voulait pas faire ce que Satan lui demandait. Jésus ne voulait pas désobéir à Dieu. Jésus aimait Dieu le Père et lui obéissait chaque jour, du matin au soir. Il n'a jamais fait le mal. Même lorsqu'il était un petit garçon, il n'a jamais fait de mauvaises actions. Il a toujours obéi à Dieu jusqu'à la croix où il est mort pour nous.

Adam et Ève désobéirent à Dieu. Te souviens-tu de l'histoire ? Ils firent ce qu'ils avaient envie de faire et non ce que Dieu leur avait dit de faire. Nous aussi, nous faisons souvent ce que nous voulons au lieu de faire la volonté de Dieu. Jésus, lui, a toujours obéi. Il disait à son Père : « Non pas ma volonté, mais la tienne. » Jésus a été obéissant pour couvrir toutes nos désobéissances. Il devait être obéissant pour être notre Sauveur.

Maintenant, parce que nous aimons Jésus, nous essayons très fort d'être obéissants. Nous essayons de faire tout ce que Dieu nous demande. Nous voulons faire sa volonté.

Parfois, il est difficile de faire la volonté de Dieu, mais il nous aide. Tout comme il a aidé Jésus. Quand Satan quitta Jésus après avoir essayé de le tenter, Dieu envoya des anges pour réconforter Jésus.

Quelques questions

- Comment Jésus a-t-il montré qu'il plaçait Dieu en premier ?
- Jésus voulait-il obéir à Dieu ?
- Est-il possible d'obéir même quand nous ne le voulons pas ?

Verset à mémoriser

La Bible dit de Jésus :

Il s'est fait plus petit encore : il a obéi jusqu'à la mort, et il est mort sur une croix ! – Philippiens 2.8

Lecture biblique

Matthieu 4.1-11

Chant

Tu es vie et lumière, tu es le Fils de Dieu.

Je regarde à ta croix, je te donne ma vie
Et ta lumière pénètre ma nuit.
Nous ouvrons notre coeur, nous recevons ta vie.
Dans nos ténèbres ta lumière luit !

JEM 275 : Tu es vie

Prière

Cher Jésus, nous te remercions d'avoir été obéissant pour nous, afin d'effacer notre désobéissance. Aide-nous à obéir à Dieu et à dire « non » à Satan. Nous voulons te louer aujourd'hui et pour toujours. Amen.

34

Jésus était un enseignant

Jésus est venu pour être notre Sauveur, mais il est aussi venu pour nous enseigner. Jésus n'enseignait pas dans une école, mais dehors, en plein air. Il s'asseyait sur l'herbe, en haut d'une colline et il enseignait les personnes assises autour de lui. Parfois, il se tenait sur un bateau, sur un lac, et les gens allaient l'écouter sur le rivage. Jésus se tenait aussi à l'entrée du temple et parlait aux personnes qui venaient adorer Dieu. Souvent, quand Jésus parcourait les rues des villes ou les chemins de campagne, les gens allaient le rejoindre et il leur parlait tout en marchant.

Jésus n'enseignait pas à lire ou à écrire. Il enseignait quelque chose de plus important encore, la chose la plus importante au monde : connaître Dieu. Jésus parlait de l'amour de Dieu aux autres. Il aidait les gens à reconnaître les affreux péchés qui se trouvaient au fond de leur cœur et il leur expliquait qu'il était venu mourir pour ces péchés, afin que les gens deviennent les enfants de Dieu. Il leur parlait de la punition qui attendait ceux qui ne voulaient pas écouter Dieu et de la nouvelle terre que Dieu allait créer : une terre sans péché.

Les gens aimaient écouter Jésus. Plusieurs le suivaient partout où il allait. Parfois, plusieurs milliers de personnes s'asseyaient pour l'écouter parler du Royaume des Cieux.

Les enfants aussi aimaient l'écouter. Jésus en prenait parfois sur ses genoux. Il mettait ses bras autour d'eux. Jésus aimait les enfants.

Les pauvres, les malades et ceux qui savaient qu'ils commettaient beaucoup de péchés aimaient particulièrement écouter Jésus. Ces gens pensaient que personne ne les aimait, mais ils réalisèrent que Jésus, lui, les aimait. Jésus leur expliquait qu'il fallait qu'ils donnent leur cœur à Dieu et qu'ils ne commettent plus de péchés. Quand ces personnes réalisaient à quel point Jésus les aimait, ils ne voulaient plus commettre de péchés.

Voudrais-tu que Jésus soit ton enseignant ? Il le sera si tu lis ses paroles dans la Bible. Il sera aussi ton enseignant si tu as l'opportunité d'aller à l'école du dimanche ou à l'église. Le pasteur et les autres enseignants de l'église te présentent les belles paroles de Jésus.

Pierre était l'un des disciples de Jésus. Chaque jour, il marchait avec Jésus et il l'écoutait. Il savait qu'il n'y avait jamais eu d'enseignant si merveilleux.

Verset à mémoriser

Un jour Pierre dit à Jésus :

Seigneur, à qui pouvons-nous aller ? Tu as les paroles qui permettent de vivre avec Dieu pour toujours.

– Jean 6.68

Quelques questions

- Où se trouvait l'école de Jésus ?
- Qu'enseignait Jésus ?
- Pourquoi Jésus était-il le plus merveilleux des enseignants ?

Lecture biblique

Matthieu 5.1-8

Chant

Enseigne ton serviteur
Dans ce qui réjouit ton cœur.
Amoureux de mon âme,
Laï, la, la, laï, laï, laï,
Attire-moi dans tes voies.

JEM 657 : Amoureux de mon âme

Prière

Notre Père qui es dans les cieux, nous te remercions d'avoir envoyé Jésus pour nous enseigner et nous donner les paroles de vie. Aide-nous à écouter quand nous entendons ses paroles et à les garder dans nos cœurs pour ne plus pécher contre toi. Amen.

35

Jésus contrôlait le vent et la mer

La mer de Galilée est comme un grand lac bleu. Jésus aimait marcher au bord de cette mer. Ses disciples l'accompagnaient, car Jésus leur parlait de Dieu tout en marchant.

Un jour, un grand nombre de personnes vint près de cette mer pour l'écouter. Jésus dit alors aux disciples : « Poussez le bateau dans l'eau. Je m'assoirai à l'intérieur. Ainsi, tout le monde pourra m'entendre de la rive. » Les gens aimaient les enseignements de Jésus et ils restèrent toute la journée pour l'écouter. Quand le soleil commença à se coucher, les gens repartirent chez eux. Jésus dit alors à ses disciples : « Maintenant, allons de l'autre côté de la mer. » Les disciples montèrent dans le bateau avec Jésus. Ils levèrent la voile et le bateau fila sur l'eau. Jésus se coucha sur un coussin et s'endormit, car il était très fatigué. La rive à atteindre était encore loin. La nuit était tombée et les disciples manoeuvraient toujours le bateau.

Tout à coup, le vent se mit à souffler fort, ce qui créa de grosses vagues qui commençaient à éclabousser le bateau. Les disciples avaient peur que le bateau ne se renverse, alors ils amenèrent la voile du bateau et commencèrent à ramer. Mais c'était difficile à cause des grosses vagues. Malgré toutes les difficultés qu'éprouvaient les disciples, Jésus dormait toujours. Les disciples essayèrent de ramer plus fort pour atteindre le rivage, mais ils n'y arrivaient toujours pas. Le bateau était maintenant plein d'eau et les disciples pensaient qu'ils allaient se noyer. « Nous devons réveiller Jésus », dirent-ils.

Alors, ils l'appelèrent : « Maître ! Maître ! Réveille-toi ! Ne vois-tu pas que nous allons tous nous noyer ? » Jésus ouvrit les yeux, s'assit, vit les vagues violentes, sentit le vent qui soufflait sur son visage et vit aussi que le bateau était plein d'eau, mais rien de tout cela ne l'effrayait. Il se mit debout dans le bateau et commença à parler au vent et aux vagues en disant : « Que le calme revienne. » Aussitôt, le vent s'arrêta de souffler et les vagues s'estompèrent. Les disciples étaient stupéfaits. Ils se dirent les uns aux autres : « Mais qui est donc cet homme à qui même le vent et la mer obéissent ? » Personne d'autre ne peut arrêter le vent et calmer les vagues.

Quelques questions

- Est-ce que le vent et l'eau obéissent à Jésus encore aujourd'hui ?
- Pourquoi est-ce que tout obéit à Jésus ?

Verset à mémoriser

Nous devrions peut-être apprendre les mots exacts que les disciples ont dits :

« Qui donc est cet homme ? Même le vent et l'eau lui obéissent ! »

– Marc 4.41

Lecture biblique

Marc 4.35-41

Chant

Ne crains pas la tempête,
Reste tranquille la paix viendra,
Relève donc la tête,
Regarde à Jésus, sois plein de foi.
Qu'importe l'adversaire,
Chasse la crainte
Il est vaincu

JEM 118 : Ne crains pas la tempête

Prière

Aide-nous, Seigneur Jésus, à ne jamais avoir peur. Aide-nous à croire que nous sommes en sécurité quand tu es près de nous. Si même le vent et la mer t'obéissent, alors tu prendras soin de nous. Amen.

36

Jésus avait le contrôle sur la maladie et la mort

Jésus disait qu'il était le Fils de Dieu. Il disait aussi qu'il venait au nom de Dieu. Il l'a prouvé en réalisant des choses merveilleuses. Il a prouvé qu'il était le Fils de Dieu lorsqu'il a calmé le vent et la mer. Il l'a aussi prouvé lorsqu'il a guéri des malades. Même la mort lui obéissait.

Un médecin peut aider les personnes qui sont malades en leur donnant des médicaments, par exemple. Mais ce n'est pas lui qui les guérit. Seul Dieu peut guérir. De la même façon, seul Dieu peut redonner la vie à des personnes qui étaient mortes. Jésus a pu le faire, car il est Dieu.

La Bible nous raconte l'histoire d'une petite fille qui était très malade. Son père, Jaïrus, avait fait appel aux médecins, mais les médicaments qu'ils avaient prescrits ne l'avaient pas aidée. On avait peur que

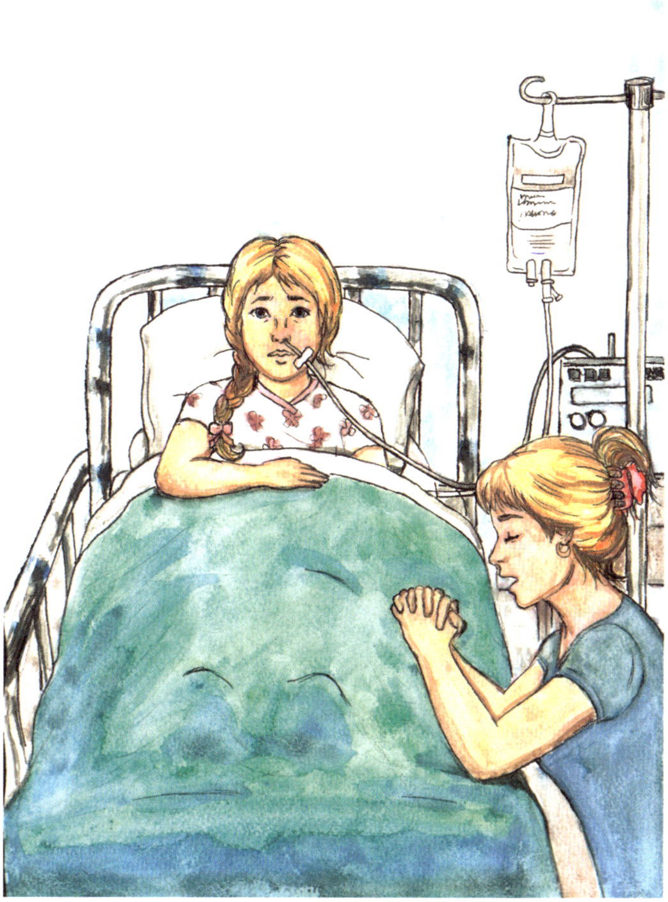

cette petite fille ne meure. Alors, son père alla voir Jésus. Quand Jairus le vit, il tomba à ses pieds et lui dit : « S'il te plait, viens chez moi tout de suite, car ma fille est en train de mourir ! »

Cependant, il y avait tellement de monde autour de Jésus, qu'il n'arrivait pas à marcher rapidement. Dans cette foule se trouvait une femme malade qui s'approcha de Jésus et toucha sa robe. Jésus le sentit et s'arrêta pour lui parler.

Jaïrus dut donc attendre, même si cela ne lui plaisait pas. Sa petite fille était tellement malade ! Il était certain qu'elle allait mourir. Voilà pourquoi il voulait que Jésus vienne tout de suite. C'est alors que quelqu'un de sa maison arriva vers lui en courant et lui dit : « C'est trop tard ! Ta fille est morte. » Jaïrus était vraiment triste. Si seulement Jésus était arrivé plus tôt ! Mais Jésus lui dit : « Ne sois pas effrayé, crois simplement. »

Il n'était pas trop tard, pas pour Jésus. Jaïrus ne pensait pas que Jésus pouvait redonner la vie à sa fille qui était morte. Ils arrivèrent et trouvèrent la petite fille allongée dans son lit. Dans la maison de Jaïrus, plusieurs personnes pleuraient, car elle était morte. Jésus s'approcha d'elle, lui prit la main et lui dit : « Petite fille, lève-toi. » Et elle se leva. Elle était vivante à nouveau et elle était guérie. Jésus demanda alors à la mère de préparer quelque chose à manger pour sa petite fille.

Jésus est merveilleux. Il est tout-puissant, car il est Dieu. Quand nous sommes malades, nous prions Jésus afin qu'il nous guérisse. Il ne le fait pas toujours. En effet, nous mourrons tous un jour. Mais il ne faut pas s'en faire, car si nous aimons Dieu, ce sera le moment pour nous d'aller le rejoindre au ciel. C'est là que nous vivrons avec lui pour toujours. Il nous l'a promis.

Cependant, Dieu peut décider de nous guérir, si c'est sa volonté. Dieu est tout-puissant. Il a donc le pouvoir et le contrôle sur tout, même sur la maladie et la mort.

Comme tu le sais probablement, Jésus a fait beaucoup d'autres miracles. Il voulait montrer aux gens que c'est Dieu qui l'avait envoyé. Jésus voulait que les gens croient en lui et qu'ils rendent gloire à Dieu.

Quelques questions

- Pourquoi Jésus ne guérit-il pas tous ses enfants malades ?
- Penses-tu que Jésus aime ramener ses enfants au ciel ?
- Quels autres miracles Jésus a-t-il accomplis ?

Verset à mémoriser

Plusieurs ont vu les miracles de Jésus et ont rendu gloire à Dieu. Quelques uns d'entre eux dirent :

« Gloire à Dieu ! Un grand prophète est arrivé chez nous ! Dieu est venu au secours de son peuple ! »
– Luc 7.16

Le peuple avait-il raison de dire que Dieu était venu le secourir ?

Lecture biblique

Luc 8.49-56

Chant

Un jour dans tes parvis
Vaut mieux que mille ailleurs
Seigneur tu nous unis
Nous sommes frères et soeurs.

Rassemblés en ce lieu,
Nous louons notre Père.
Voici l'Esprit de Dieu.
Nous sommes dans sa lumière.

JEM 355 : Un jour dans tes parvis

Prière

Seigneur Jésus, nous lisons à propos des miracles merveilleux que tu as accomplis quand tu étais sur la terre et nous croyons que Dieu le Père t'a envoyé. Il t'a envoyé pour être notre Sauveur. Nous te louons et te remercions, et nous voulons mettre notre confiance en toi pour toujours. Amen.

37

Jésus a pardonné les péchés

Jésus a accompli des choses merveilleuses : il a arrêté le vent d'une tempête, il a guéri de nombreux malades et il a même redonné la vie à des personnes qui étaient mortes. Mais Jésus a fait quelque chose d'encore plus extraordinaire. Écoute cette histoire.

Un jour, Jésus était dans la maison d'un ami. De nombreuses personnes étaient venues le voir. Il y avait parmi eux des savants et des hommes de loi. Toutes ces personnes voulaient elles aussi entendre ce que Jésus avait à dire. La maison était tellement pleine que personne d'autre ne pouvait y entrer.

Tous écoutaient Jésus, quand soudain, ils entendirent un bruit venant du plafond. Qu'est-ce que c'était ? Lorsqu'ils levèrent les yeux, ils virent quatre hommes qui regardaient par le trou qu'ils venaient de faire dans le toit. « Attention ! », dirent ces hommes. Ils firent ensuite descendre lentement un matelas qu'ils avaient attaché par des cordes. Ce matelas descendit jusque sur le plancher de la maison, aux pieds de Jésus. Un homme malade était couché dessus. Tout le monde dut donc se tasser encore plus les uns contre les autres.

« Comme nous ne pouvions pas passer par la porte, expliqua l'un des quatre hommes, nous avons enlevé une partie du toit pour permettre à ce malade de venir voir Jésus. » Ces hommes pensaient que Jésus guérirait certainement l'homme malade. Jésus regarda l'homme et vit quelque chose que personne d'autre ne pouvait voir. Il vit que le cœur de cet homme était triste à cause du péché. Jésus lui dit : « Mon fils, tes péchés sont pardonnés. »

Ces paroles surprirent tout le monde ! Les savants et les hommes de loi étaient les plus surpris. Ils se disaient : « Jésus ne devrait pas dire cela, car il n'est qu'un homme. Seul Dieu peut pardonner les péchés, pas un homme. » Ils pensaient ainsi, car ils ne croyaient pas que Jésus est le fils de Dieu.

Jésus savait ce que pensaient ces hommes et il leur dit : « Je vais vous montrer que le Fils de l'homme peut pardonner les péchés. » Alors, s'adressant à l'homme malade couché sur le matelas, il dit : « Lève-toi, prends ton lit et marche. » Et l'homme malade fit exactement ce que Jésus avait dit : il se leva, roula son matelas et rentra chez lui en chantant. Il était si heureux d'avoir été guéri, mais il était surtout heureux que ses péchés soient pardonnés. Tous ceux qui étaient dans la maison louèrent Dieu pour cette guérison merveilleuse.

Jésus peut pardonner nos péchés parce qu'il est le Fils de Dieu. Si nous lui disons que nous regrettons nos gestes et que nous lui demandons pardon, il nous pardonnera. Ce pardon nous rendra heureux, même si nous sommes malades, parce que nous savons que Dieu nous aime. Il est beaucoup plus important que Dieu pardonne nos fautes que d'être guéri ou de ressusciter.

Quelques questions

À quoi les quatre hommes s'attendaient-ils de Jésus ?

Comment Jésus les a-t-il surpris ?

Comment pouvons-nous demander à Jésus de nous pardonner ?

Verset à mémoriser

La Bible dit :

Voici l'homme heureux : Dieu enlève sa faute, il pardonne son péché.

– Psaumes 32.1

Lecture biblique

Marc 2.1-12

Chant

Jésus m'a donné la liberté
Et il m'a racheté,
En mourant sur la croix
Jésus m'a donné la liberté,
Gloire à Dieu!

C'est pourquoi je veux chanter,
C'est pourquoi je veux chanter,
Mes péchés sont pardonnés,
Ma vie a changé;
C'est pourquoi je veux chanter.

JEM 129 : Jésus m'a donné la liberté

Prière

Jésus, nous sommes heureux de pouvoir nous approcher de toi par la prière. Tout le monde devrait t'aimer parce que tu es si bon, parce que tu nous aimes et parce que tu nous pardonnes toutes nos fautes. Aide-nous à t'aimer de plus en plus. Amen.

38

Jésus a montré qui il était

Te souviens-tu de ce qu'ont dit les disciples quand Jésus a calmé le vent et les vagues ? Ils ont demandé : « Qui est cet homme ? » Jésus a continué à faire beaucoup d'autres merveilleuses choses de sorte que beaucoup d'autres personnes se sont posé cette même question : « Qui est cet homme ? » Aucun autre homme n'a fait comme Jésus : c'est-à-dire que personne ne peut guérir les malades, rendre la vue aux aveugles, redonner la vie aux morts et, même, pardonner les péchés. Les gens disaient : « Comment Jésus peut-il faire ceci ou cela ? Qui est-il ? »

Jésus avait douze disciples qui l'accompagnaient tous les jours et qui l'écoutaient quand il leur parlait de Dieu. Un jour, Jésus leur demanda : « Que disent les gens à mon sujet ? Qui croit-on que je suis ? » Les disciples lui répondirent alors : « Certains croient que tu es Jean-Baptiste revenu à la vie après être mort. D'autres disent que tu es Élie le grand prophète. D'autres encore disent que tu es un autre prophète. » « Et vous, leur demanda Jésus, qui dites-vous que je suis ? » Simon Pierre, l'un des disciples de Jésus lui répondit aussitôt : « Tu es le Christ, le Fils du Dieu vivant. »

Pierre le savait. Comment le savait-il ? Pierre avait vu de ses propres yeux ce que Jésus avait fait. Il savait que seul le Fils de Dieu pouvait réaliser ces choses merveilleuses. Pierre avait aussi écouté tout ce que Jésus avait expliqué aux disciples à propos de Dieu. Il savait que seul le Fils de Dieu pouvait en connaître tant sur Dieu et sur le Royaume des Cieux.

Au fond, Pierre savait que Jésus était le Fils de Dieu parce que le Saint-Esprit le lui avait dit. Le Saint-Esprit avait parlé à son cœur, lui révélant que Jésus, le Christ, était le Fils de Dieu.

Et nous, comment pouvons-nous savoir qui est Jésus ? Ce que Jésus a fait et dit nous montre qui il est. Nous pouvons le lire dans la Bible. Si nous croyons que la Bible est vraie, le Saint-Esprit parlera à notre cœur et nous convaincra que Jésus est le Fils de Dieu. Ainsi, nous aurons la certitude qu'il est notre Sauveur.

Pierre et les autres disciples ont vu ce que Jésus a fait et ont entendu ses paroles de leurs propres oreilles, alors que nous ne pouvons ni l'entendre de nos propres oreilles ni le voir. Par contre, nous pouvons entendre parler de lui dans la Bible et croire. Ainsi, nous serons aussi heureux que les disciples qui voyaient Jésus tous les jours.

Quelques questions

- Comment pouvons-nous savoir qui est Jésus ?
- Comment Pierre a-t-il su qui était Jésus ?
- Pourquoi cela devrait-il nous rendre heureux de savoir que Jésus est le Fils de Dieu ?

Verset à mémoriser

Jésus a dit :

Ils sont heureux, ceux qui n'ont pas vu et qui croient.

– Jean 20.29

Lecture biblique

Jean 20.24-29

Chant

Fils de Dieu, Fils de Dieu, je crois.
Tu t'es sacrifié pour moi.
Rejeté, mais pourtant tu es Roi.
Fils de Dieu, Fils de Dieu, je crois en toi.

JEM 286 : Fils de Dieu

Prière

Cher Jésus, Pierre et les disciples ont vu à quel point tu es merveilleux. Aide-nous à le voir aussi quand nous lisons la Bible. Comme Pierre, aide-nous à avoir l'assurance que tu es le Fils de Dieu. Aide-nous à dire de tout notre cœur : « Jésus, je t'aime. » Amen.

39

Jésus a manifesté sa gloire

Nous avons appris que Jésus est venu du ciel. En effet, avant de venir sur la terre en tant que bébé, Jésus vivait au ciel depuis très, très longtemps. Le ciel est un lieu de gloire : tout y est brillant, pur et joyeux. Jésus, le Fils de Dieu, y était lui aussi glorieux. En venant sur la terre, il a laissé cette gloire au ciel pour ressembler à n'importe quel autre homme. En le regardant, personne ne pouvait voir qu'il était le Fils de Dieu.

Mais un jour, Jésus montra sa gloire céleste à trois de ses disciples. Ce jour-là, Jésus dit à Pierre, Jean et Jacques : « Venez avec moi. » Et il les emmena sur une haute montagne. Lorsqu'ils arrivèrent au sommet, Jésus et les disciples se mirent à genoux pour prier.

Quelque chose d'étrange se passa. Le visage de Jésus commença à briller comme le soleil et ses habits brillaient comme de la neige d'un blanc pur. Il brillait tellement que les disciples avaient de la difficulté à le regarder. Tout à coup, ils aperçurent deux autres personnes avec Jésus. Ces deux autres personnes brillaient aussi. C'étaient Moïse et Élie, venus du ciel pour parler avec Jésus. Pierre, Jean et Jacques n'avaient jamais vu de lumière si éclatante. Ce qu'ils voyaient était la gloire et la lumière céleste. Finalement, Pierre dit à Jésus : « Maître, nous devrions construire trois petites maisons pour rester ici. » Tout juste après avoir dit ces paroles, un nuage apparut et cacha Jésus et les deux personnes, puis une voix dit : « Celui-ci est mon fils bien-aimé, écoutez-le. » C'était la voix de Dieu.

Les disciples furent effrayés par ce qui se passait. Ils tombèrent par terre et n'osèrent plus regarder ce qui se passait. Alors, Jésus vint vers eux et les toucha en leur disant : « N'ayez pas peur. » Les disciples levèrent les yeux pour regarder autour d'eux. Le nuage avait disparu. Moïse et Élie étaient partis. La lumière sur Jésus avait disparu aussi. Jésus leur dit : « Maintenant, redescendons de cette montagne. »

Plus tard, ces trois disciples racontèrent aux autres comment ils avaient pu voir la gloire de Jésus sur la montagne. Cette histoire est écrite dans la Bible. Les trois disciples n'oublièrent jamais cet événement.

Quand Jésus reviendra sur terre à la fin du monde, tout le monde pourra le voir dans sa gloire.

Quelques questions

- Qu'est-ce que Jésus a laissé derrière lui quand il a quitté le ciel pour venir sur la terre ?
- Comment a-t-il montré sa gloire aux disciples ?
- Quand verrons-nous Jésus comme ses disciples l'ont vu ?
- Serons-nous effrayés quand nous le verrons dans toute sa gloire ?

Verset à mémoriser

La Bible dit :
Oui, le Fils de l'homme va venir avec ses anges, dans la gloire de son Père.
– Matthieu 16.27

Lecture biblique

Matthieu 17.1-8

Chant

Majesté, à lui la majesté,
À Jésus soit louange, honneur et gloire.
Majesté, suprême autorité,
Du haut des cieux,
Son règne vient sur tous les siens.

JEM 314 : Majesté

Prière

Notre Père qui es au ciel, nous voulons être comme des bijoux précieux qui brillent pour Jésus. Aide-nous à briller pour lui aujourd'hui, comme de petites bougies dans la nuit, et comme nous brillerons un jour avec lui dans la gloire. Amen.

40

Jésus est mort pour nous

Peux-tu nommer tous les jours de la semaine ? Lundi, mardi, mercredi, jeudi, vendredi, samedi, dimanche. Chaque année, il y a un vendredi spécial avant Pâques. On l'appelle le Vendredi saint. Ce jour-là nous rappelle quelque chose de triste. Jésus est mort sur la croix un Vendredi saint.

Jésus faisait du bien partout où il allait. Pourtant, certaines personnes le haïssaient. Te souviens-tu du plus grand ennemi de Dieu ? Oui, c'est Satan. Satan déteste Dieu et il essaie de faire en sorte que les gens haïssent Dieu comme lui. Quand Jésus était sur terre, Satan mit beaucoup d'efforts pour que d'autres personnes haïssent aussi Jésus.

Un jour, des gens qui haïssaient Jésus l'ont conduit devant Pilate, le gouverneur du pays. Ils lui dirent : « Jésus est un homme dangereux qui crée des problèmes et qui veut être le roi. Nous devons nous débarrasser de lui. » Pilate demanda : « Quelles sont les mauvaises choses qu'il a faites ? » Personne ne pouvait trouver un exemple pour répondre à sa question. Ils dirent pourtant : « Il doit mourir de toute façon. Vous devez le crucifier. »

Pilate avait peur de ces personnes. Il savait que Jésus était un homme juste et bon, mais le livra quand même aux personnes qui voulaient sa mort, et leur dit : « Emmenez-le et crucifiez-le. » Et c'est ce qui se passa.

Jésus fut emmené sur une colline appelée Golgotha. Ils le clouèrent sur une croix qu'ils plantèrent ensuite dans le sol. Jésus resta sur la croix en plein soleil. Les clous dans ses mains et ses pieds lui faisaient très mal. Il mourut quelques heures après.

Tu peux lire cette histoire dans la Bible. C'est l'histoire du Vendredi saint.

Pourquoi ce jour si triste est-il aussi un jour heureux dont on veut se souvenir ? C'est parce que ce jour-là, Jésus prit la décision de mourir pour nous, afin que nos fautes soient pardonnées et que nous puissions aller au ciel pour rester avec lui pour toujours. Dieu le Père a envoyé son Fils mourir pour nous. Jésus a donné sa vie pour nous.

Quelques questions

- Qu'est-ce que le Vendredi saint ?
- Pourquoi le Vendredi saint est-il un jour dont on veut se souvenir ?

Verset à mémoriser

Je donne ma vie pour eux.
– Jean 10.15

Lecture biblique

Jean 19.11-18

Chant

Je loue ton nom Éternel;
Seigneur, je célèbre ta bonté.
Quelle joie, tu vis en moi !
Quelle joie, tu viens pour nous sauver.

Tu viens du ciel sur la terre
Montrer la voie,
De la terre à la croix
Payer pour moi,
De la croix jusqu'au tombeau,
Et du tombeau jusqu'au ciel.
Je loue ton nom Éternel.

JEM 576 : Je loue ton nom

Prière

Seigneur Jésus, nous ne pourrons jamais te remercier assez pour ta mort sur la croix pour nous. Nous devons t'aimer très fort. Nous devons te faire confiance, t'obéir et te prier chaque jour. Aide-nous à te montrer notre amour en vivant pour toi. Amen.

41

Jésus vit pour toujours

La mort de Jésus rendit ses disciples très, très tristes. C'est normal, Jésus avait été leur meilleur ami. Les disciples espéraient que Jésus serait aussi leur Sauveur. Mais maintenant qu'il était mort, comment pouvait-il les sauver ? Ils ne comprenaient plus rien. Ils avaient déposé Jésus dans une tombe creusée dans un rocher et bloquée par une grande pierre qu'ils avaient roulée devant l'entrée. Puis, ils étaient retournés chez eux.

Les ennemis de Jésus avaient placé des gardes devant sa tombe, car ils pensaient que les disciples auraient peut-être voulu venir voler le corps de Jésus pour dire ensuite qu'il était vivant à nouveau. Mais les disciples n'auraient pas volé le corps de Jésus pour prétendre qu'il était vivant. Ils savaient que Jésus était mort et ils avaient du chagrin.

De leur côté, les gardiens de la tombe s'assirent devant la grosse pierre durant toute la nuit du vendredi, toute la journée de samedi, puis encore toute la nuit suivante. Ils n'aimaient pas être là durant la nuit, c'était long et il faisait noir. Ils attendaient avec impatience que le matin arrive et que le soleil se lève enfin. Ils étaient donc heureux quand le soleil se leva ce dimanche matin là.

Soudain, il se passa une chose étrange. Les gardiens virent un éclair de lumière venu du ciel. Ce n'était pas la foudre ! Les gardiens avaient vu ce que c'était : un ange venu du ciel ! Cet ange roula la pierre qui fermait le tombeau et s'assit dessus. Les gardiens étaient si terrifiés qu'ils tombèrent par terre. Ils n'osaient plus lever la tête pour regarder. Après quelques instants, ils se relevèrent et s'enfuirent en courant. Ils s'éloignèrent à toute vitesse de la tombe de Jésus.

Puis, le jardin redevint calme. Ensuite, des femmes qui avaient été des amies de Jésus arrivèrent. Elles apportaient des épices pour les placer dans la tombe. Quand elles virent que la pierre devant la tombe avait été roulée, elles étaient stupéfaites. Elles se demandaient qui était venu et qui avait poussé cette énorme pierre. Que s'était-il donc passé ?

Elles se dépêchèrent d'aller voir à l'intérieur de la tombe. C'est alors qu'elles virent l'ange. Elles eurent très peur elles aussi, mais l'ange les rassura en leur disant : « Ne soyez pas effrayées. Vous cherchez Jésus, il n'est plus là. Il est ressuscité. Regardez ! » Les femmes entrèrent et virent que la tombe était vide.

Elles coururent alors pour annoncer cette bonne nouvelle aux disciples : « Jésus est ressuscité ! » Pierre et Jean coururent à leur tour aussi vite que possible jusqu'à la tombe. Ils ne virent pas l'ange, mais ils virent que la tombe était vide. Alors, ils comprirent que Jésus était vivant ! Leur Sauveur est vivant !

Oui, Jésus était mort, mais il est revenu de la mort pour vivre à jamais. Il est le Christ, le Fils de Dieu. Les anges avaient roulé la pierre qui bloquait la tombe pour que tout le monde puisse voir que Jésus n'y était plus. Il est ressuscité afin de prouver qu'il est le fils de Dieu.

Quelques questions

- Qui vit l'ange rouler la pierre ?
- Pourquoi l'ange a-t-il fait cela ?
- Quels sont ceux qui étaient effrayés ? Qui s'est réjoui ce jour-là ?

Verset à mémoriser

On l'a mis au tombeau, et le troisième jour, Dieu l'a réveillé de la mort comme les Livres Saints l'avaient annoncé.

– 1 Corinthiens 15.4

Lecture biblique

Matthieu 28.1-8

Chant

Il est sorti du tombeau,
la mort a perdu sa puissance.
Alléluia !

JEM 415 : Il est sorti du tombeau
© 1989 Patti Ridings

Prière

Quel Sauveur merveilleux tu es, Seigneur Jésus. Nous sommes heureux comme les femmes qui ont vu l'ange dans le jardin ! Nous chantons pour toi, notre Sauveur qui vit aujourd'hui dans le ciel. Amen.

42

Jésus s'est présenté à ses amis

Revenons au dimanche qui suivit le Vendredi saint. C'est ce dimanche matin là que Jésus sortit de sa tombe. Les femmes avaient raconté aux disciples de Jésus qu'elles avaient vu la tombe vide et que l'ange leur avait dit qu'il était vivant. À leur tour, Pierre et Jean avaient couru pour voir la tombe vide, bien que l'ange n'y fût plus.

Ce soir-là, tous les autres disciples s'étaient rassemblés dans une maison. Ils avaient fermé la porte à clé, car ils avaient très peur. Ils pensaient que les ennemis de Jésus allaient venir les chercher pour les tuer, comme ils l'avaient fait pour Jésus.

C'est à ce moment-là que Pierre arriva avec une bonne nouvelle. Il dit : « J'ai vu Jésus, il m'a parlé ! » Les disciples qui s'étaient enfermés dans la maison secouèrent la tête, comme pour dire non. Ils ne pouvaient pas croire que Jésus était sorti de la tombe et qu'il était réellement vivant.

Soudain, on entendit quelqu'un frapper à la porte. Toc ! Toc ! Toc ! Une voix dit : « Laissez-nous entrer, nous avons une bonne nouvelle ! » C'était Cléopas, un ami. Les disciples le connaissaient et lui ouvrirent la porte. Cléopas entra avec un autre homme. Leurs visages rayonnaient de joie. En refermant la porte, Cléopas dit aux gens dans la maison : « Nous avons vu Jésus. Il a marché avec nous et il nous a même parlé. Il nous a expliqué pourquoi il fallait qu'il meure. »

Les disciples demandèrent : « Pierre a dit qu'il l'avait vu, lui aussi. Mais, comment peut-il être vivant à nouveau ? »

Puis soudain, Jésus lui-même entra dans la pièce où se trouvaient tous les disciples. Il était là et il leur dit : « Soyez en paix. »

Les disciples n'en croyaient pas leurs yeux ni leurs oreilles. Était-ce vraiment Jésus, là, avec eux et rempli d'amour pour eux ? Alors, Jésus leur montra ses mains et ses pieds. On pouvait y voir les trous faits par les clous. Puis, il leur montra la plaie qui était sur son côté. Cette plaie avait été faite par la lance d'un soldat. Même en voyant toutes ses blessures, les disciples n'arrivaient pas à croire que Jésus était vraiment devant eux.

C'est quand ils virent Jésus en train de manger des poissons et du miel que les disciples le reconnurent enfin. Oui, maintenant, ils savaient que c'était bel et bien Jésus. C'était bien leur cher Maître qui était vivant à nouveau.

Après cela, Jésus leur expliqua pourquoi il devait mourir. Il y a longtemps, très longtemps, Dieu avait promis d'envoyer un Sauveur. Il leur expliqua aussi que ce Sauveur, c'était lui. Dieu l'avait envoyé mourir pour les fautes du monde, afin de sauver son peuple et lui permettre de vivre avec lui pour toujours.

Jésus ne resta pas avec ses disciples. Il partit et les disciples ne le revirent plus pendant un bon moment. Puis, il revint les voir à plusieurs reprises sur une période de quarante jours. Jésus voulait que les disciples soient sûrs qu'il était vivant. Au cours d'une de ces journées, Jésus alla retrouver ses disciples sur le bord du lac de Galilée. C'était très tôt le matin. Il mangea avec eux. Un autre jour, il se montra à cinq cents de ses disciples. Tous le virent en même temps. Comme ils devaient être heureux de le voir vivant !

Quelques questions

- Comment Jésus a-t-il surpris ses disciples le dimanche soir ?
- Comment pouvaient-ils être sûrs que c'était bien Jésus ?
- Comment pouvons-nous être sûrs que Jésus est vivant ?

Verset à mémoriser

Quelques années après que tous ces événements se soient passés, Jésus apparut à Jean dans une vision et lui dit :

Je suis le Vivant. J'étais mort, mais maintenant, je suis vivant pour toujours...

– Apocalypse 1.18

Lecture biblique

Jean 21.1-8

Chant

À toi la gloire, ô ressuscité !
À toi la victoire pour l'éternité !
Brillant de lumière, l'ange est descendu,
Il roule la pierre, du tombeau vaincu.

À toi la gloire, ô ressuscité !
À toi la victoire pour l'éternité !

JEM 79 : À toi la gloire
© Domaine public

Prière

(Jésus est vivant aujourd'hui et nous savons qu'il entend nos prières, même si nous ne pouvons pas le voir. Demandons-lui de nous bénir.)

Seigneur Jésus, nous ne pouvons pas te voir, mais nous savons que tu es le Sauveur vivant. Bénis-nous, merveilleux Sauveur. Pardonne nos fautes. Aide-nous à faire ce qui est bien. En ton nom, amen.

43

Jésus est monté au ciel

Où est Jésus maintenant ? Pourquoi ne le voyons-nous pas ? C'est parce que Jésus est au ciel.

Un jour, alors que Jésus était encore avec ses disciples, ils marchaient tous ensemble vers la ville de Béthanie, en passant par le Mont des Oliviers. Sur ce mont, il s'adressa à eux en leur disant : « Vous devez aller partout dans le monde et parler de moi à tous. Ceux qui croiront en moi, vous les baptiserez au nom du Père, du Fils et du Saint-Esprit. » Puis, Jésus leur fit une très belle promesse. Il leur dit : « Et moi, je suis avec vous tous les jours, jusqu'à la fin du monde. »

Jésus resta debout durant tout le temps qu'il leur disait ces paroles. Puis, il leva ses mains pour les bénir. À ce moment même, il commença à s'élever peu à peu vers le ciel.

Les disciples étaient surpris. Que se passait-il ? Jésus continua de s'élever dans le ciel, puis un nuage le cacha. Quand les disciples ne le virent plus, ils comprirent qu'il était monté au ciel.

Nous connaissons les détails de ces événements parce que les disciples nous les ont racontés. Ils ont écrit ces récits que nous retrouvons dans la Bible. Voilà pourquoi nous savons que Jésus est maintenant au ciel. Nous sommes contents que Matthieu, Marc, Luc et Jean nous aient raconté ces choses au sujet de Jésus. C'est avec l'aide de l'Esprit de Dieu qu'ils ont pu le faire.

Penses-tu que les disciples étaient tristes après le départ de Jésus ? Non, ils étaient heureux, car ils savaient que Jésus était avec eux et qu'il le serait pour toujours, même s'ils ne pouvaient plus le voir. Comment est-ce possible ? Jésus peut-il être au ciel et sur la terre en même temps ? Oui, il le peut. Son corps est au ciel. Nous le verrons quand nous serons ensemble avec lui dans son paradis. Mais son esprit est sur terre et partout à la fois. On ne peut pas voir l'esprit de Jésus, mais il est pourtant là. Il nous entend et nous voit. Il nous regarde et prend soin de nous.

Ainsi, Jésus dirige la vie sur terre, peu importe où il est. Il dirige tout ce qui arrive, que ce soit bon ou mauvais. Il a un plan bien précis, un chemin bien tracé, un peu comme une carte routière. Quand son plan se réalisera, tous sauront qu'il est le Seigneur au-dessus de tout, et tous l'adoreront.

Quelques questions

- Comment savons-nous que Jésus est monté au ciel ?
- Que faisait Jésus au moment où il montait au ciel ?
- Comment peut-il être à la fois avec nous ici sur terre, et au ciel ?
- Que veut dire « Seigneur au-dessus de tout » ?

Verset à mémoriser

Nous devons toujours nous rappeler de ce que Jésus a dit au moment de quitter la terre :

Jésus s'approche et leur dit : « J'ai reçu tout pouvoir au ciel et sur la terre. »

– Matthieu 28.18

Lecture biblique

Matthieu 28.16-20

Chant

Sortant de la souche de Jessé,
Un rejeton viendra à paraître.
L'Esprit du Seigneur sera sur lui,
Esprit de vérité, de sagesse.

Il régnera sur toute la terre.

JEM 574 : Il régnera sur toute la Terre

Prière

Seigneur Jésus, comme tu es grand ! Nous sommes heureux de savoir que tu veilles sur nous constamment. Nous voulons te louer. Nous voulons parler aux autres de ta grandeur et de ta bonté. Nous aimons penser au moment où nous te verrons au ciel. Amen.

VERSETS À RETENIR - PARTIE SEPT

Il était riche, mais pour vous, il s'est fait pauvre,
afin de vous rendre riches par sa pauvreté.
2 Corinthiens 8.9

Il s'est fait plus petit encore : il a obéi jusqu'à la mort,
et il est mort sur une croix !
Philippiens 2.8

Seigneur, à qui pouvons-nous aller ? Tu as les paroles qui
permettent de vivre avec Dieu pour toujours.
Jean 6.68

« Qui donc est cet homme ? Même le vent et l'eau lui obéissent ! »
Marc 4.41

« Gloire à Dieu ! Un grand prophète est arrivé chez nous !
Dieu est venu au secours de son peuple ! »
Luc 7.16

Voici l'homme heureux : Dieu enlève sa faute, il pardonne son péché.
Psaumes 32.1

Ils sont heureux, ceux qui n'ont pas vu et qui croient.
Jean 20.29

Oui, le Fils de l'homme va venir avec ses anges, dans la gloire de son Père.
Matthieu 16.27

Je donne ma vie pour eux.
Jean 10.15

On l'a mis au tombeau, et le troisième jour, Dieu l'a réveillé
de la mort comme les Livres Saints l'avaient annoncé.
1 Corinthiens 15.4

Je suis le Vivant. J'étais mort, mais maintenant, je suis vivant pour toujours.
Apocalypse 1.18

Jésus s'approche et leur dit : « J'ai reçu tout pouvoir au ciel et sur la terre. »
Matthieu 28.18

PARTIE HUIT

Le Saint-Esprit

44

L'œuvre particulière du Saint-Esprit

Te souviens-tu de ce que nous avons appris sur Dieu ? Dieu est un, mais en trois personnes. La Bible nous parle de Dieu le Père, Dieu le Fils et Dieu le Saint-Esprit.

Dieu le Père nous a créés. Dieu le Fils est venu pour nous sauver, et Dieu le Saint-Esprit est venu pour nous donner un nouveau cœur et nous rendre de plus en plus semblables à Dieu.

On ne peut pas voir le Saint-Esprit. Il est venu sur la terre un jour, il y a longtemps, après que Jésus soit retourné au ciel. Ce jour-là, les disciples et leurs amis s'étaient rassemblés dans une maison à Jérusalem. Jésus leur avait dit de rester à Jérusalem et « d'attendre que Dieu le Père leur envoie le Consolateur. »

Ils attendaient sans savoir comment le Consolateur viendrait et à quoi il ressemblerait. Les disciples priaient et chantaient des cantiques. Puis, un dimanche matin, vers 9 h, ils entendirent un bruit, un bruit fort, comme un vent qui soufflait très fort. Mais ce n'était pas le vent. Ils se regardèrent les uns les autres. Puis, ils virent comme des flammes, mais ce n'était pas du feu. Ces flammes au-dessus de leur tête ressemblaient à de petites langues. C'était l'Esprit de Dieu qui descendait sur eux. Le Saint-Esprit remplissait leur cœur. Ils commencèrent à prier Dieu plus que d'habitude. Ils parlaient de Dieu, de son amour et de son fils Jésus, venu sur terre pour mourir pour nous.

En entendant tout ce bruit, d'autres personnes à Jérusalem vinrent pour savoir ce qui se passait. Ces personnes entendirent les disciples parler de Jésus. Quelle surprise ! Les disciples parlaient en des langues différentes, des langues de partout dans le monde. Chacun pouvait comprendre dans sa langue les merveilles de Dieu ! Tous s'écriait : « Que se passe-t-il donc ? »

Alors, Pierre prit la parole et dit : « Je vais vous expliquer ce qui se passe. Dieu nous a fait une promesse il y a longtemps. Vous connaissez les grandes choses que Jésus a faites pour montrer qu'il est le Fils de Dieu. Pourtant, Dieu a laissé des hommes le clouer sur une croix. Jésus est mort, mais il n'est pas resté dans la tombe. Il est vivant. Il est monté au ciel en nous promettant qu'il nous enverrait le Saint-Esprit. Et voilà, aujourd'hui, il vient de le faire. Ce que vous voyez est l'œuvre du Saint-Esprit. Il est venu pour nous aider à raconter la merveilleuse histoire du salut de Dieu. »

La tâche spéciale du Saint-Esprit est de donner aux gens le désir de parler de Jésus. En entendant parler du salut, l'Esprit rend les gens capables de comprendre et de croire que Jésus est venu pour nous sauver. Le Saint-Esprit nous donne un cœur nouveau. Grâce à lui, chacun de nous peut aimer et prier Dieu comme il le faut.

Quelques questions

- Qui a envoyé le Saint-Esprit sur la terre ?
- Que s'est-il passé quand le Saint-Esprit a rempli le cœur des disciples ?
- Quelle est l'œuvre spéciale du Saint-Esprit ?

Verset à mémoriser

Je mettrai en vous mon esprit.
– Ézéchiel 36.27

Lecture biblique

Actes 2.1-8

Chant

Ô j'ai besoin de toi,
J'ai besoin de ta voix
Qui vient me dire tout bas:
Oui je suis là.
Viens te poser sur moi,
Viens me parler du Roi,
Colombe de l'Esprit remplis ma vie.

JEM 349 : Ô j'ai besoin de toi

Prière

N'est-ce pas merveilleux que le Saint-Esprit veuille vivre dans ton cœur comme dans le mien ? Nous pouvons lui demander de venir.

Saint-Esprit, viens vivre dans notre coeur. Nous ne pouvons pas devenir des enfants de Dieu sans que tu nous donnes un nouveau cœur. Aide-nous à raconter aux autres l'histoire de Jésus. Aide-les à croire et à comprendre à leur tour. Amen.

45

Le Saint-Esprit a rendu les disciples courageux

Les disciples de Jésus n'ont pas toujours été courageux. La nuit où les soldats ont arrêté Jésus, tous les disciples se sont enfuis. Ils étaient terrifiés, car ils pensaient que les soldats les prendraient aussi. Ils ont couru et ont laissé Jésus tout seul face à des ennemis cruels. La plupart des disciples n'ont pas osé suivre Jésus quand il a été conduit sur la montagne pour être mis sur une croix. Ils aimaient Jésus, mais ils ne l'ont pas accompagné, ils ont eu peur. Et quand Jésus a été mis dans la tombe, ils se sont cachés dans une maison et ont fermé la porte à clé.

Te souviens-tu de ce qui s'est passé après que le Saint-Esprit soit venu ? Pierre s'est levé devant une foule et a parlé de Jésus. Il a dit : « Jésus est le Fils de Dieu. Il faut croire en lui pour être pardonné ! » Pierre n'a plus jamais eu peur ! Pourquoi donc ? C'est le Saint-Esprit qui l'a rendu courageux.

Les gens qui ont crucifié Jésus ne voulaient pas que Pierre ou les autres disciples parlent de lui. Ils ne voulaient pas qu'on annonce que Jésus est le Sauveur. Alors, ils ont dit aux disciples de se taire, sinon ils les mettraient en prison. Pierre et les autres répondirent : « Nous ne pouvons pas nous taire. Dieu nous a demandé d'annoncer la bonne nouvelle de Jésus au monde entier. Nous devons obéir à Dieu. » Et les disciples continuèrent de raconter l'histoire de Jésus.

Cela mit les ennemis de Jésus en colère et ils mirent les disciples en prison. Ils dirent aux disciples : « Demain, nous déciderons quelle sera votre punition. » Le matin suivant, le grand prêtre envoya les soldats chercher les disciples prisonniers pour les conduire devant la cour. Les soldats partirent les chercher, mais ils revinrent sans les disciples. Ils dirent au grand prêtre : « La prison est vide ! Les portes sont fermées à clé et les gardiens sont là, mais les disciples ont disparu ! » Le grand prêtre, tout surpris, ne comprenait pas ce qui se passait.

Mais nous, nous savons ce qui est arrivé. Un ange était venu dans la nuit. Il avait ouvert les portes et avait libéré les disciples.

Qu'ont fait les disciples ensuite ? Ils continuèrent de raconter l'histoire de Jésus ! Ils n'avaient plus peur du tout. Le Saint-Esprit les rendait courageux.

Plus tard, certains furent tués pour avoir parlé de Jésus. Par la suite, des missionnaires ont aussi été tués pour l'amour de Jésus. Mais le Saint-Esprit était avec eux ; cela les a rendus courageux.

Quelques questions

- Qui voulait faire taire les disciples ?
- Pourquoi les disciples n'avaient-ils pas peur ?
- Comment sont-ils sortis de prison ?
- Qu'ont-ils fait après ?

Verset à mémoriser

Pierre et les autres apôtres répondent :
Il faut obéir à Dieu plutôt qu'aux hommes.
– Actes 5.29

Lecture biblique

Actes 5.25-29

Chant

Nous sommes petits et faibles ! Parfois, nous avons peur de parler de Jésus. Ce chant est une prière pour que le Saint-Esprit nous rende forts et courageux.

Fortifiez-vous, ayez du courage !
Ne craignez point, ne soyez point effrayés;
Car l'Éternel, ton Dieu,
Marchera lui-même avec toi,
Il ne te délaissera point,
Il ne t'abandonnera point.

JEM 20 : Deutéronome 31.6

Prière

Saint-Esprit, viens et vis dans nos cœurs. Rends-nous forts pour obéir à Dieu, pour faire ce qui est juste, et pour présenter Jésus aux autres. Amen.

46

Le Saint-Esprit a dirigé les disciples

Aimes-tu rendre ton père et ta mère heureux ? Le meilleur moyen pour le faire est de bien agir et d'obéir.

Dieu est notre Père céleste. Si nous l'aimons, nous voulons aussi le rendre heureux. Nous voulons essayer de lui obéir.

Mais comment connaître ce qu'il veut ? Nous avons les dix commandements : ils nous disent d'aimer Dieu et d'aimer les gens qui nous entourent. Mais nous avons aussi autre chose. Le Saint-Esprit dans notre cœur nous montre quelle est la volonté de Dieu. Il a guidé les disciples de la Bible et il guide aussi toute personne qui aime Jésus.

Au temps de la Bible, il y avait un homme appelé Philippe. Il était diacre dans son église. Il enseignait que Jésus est le Sauveur. Un jour, le Saint-Esprit lui dit de partir sur une route à la campagne. Là, il rencontra un homme qui lisait, assis sur son char. Le Saint-Esprit dit à Philippe : « Va et parle à cet homme. » Alors, Philippe alla vite marcher à côté du char. Il entendit l'homme qui lisait ce texte : « Il était comme une brebis… comme un agneau… » L'homme était en train de lire la Bible.

Philippe lui demanda : « Comprends-tu ce que tu lis ? » Après avoir aperçu Philippe, l'homme lui répondit : « J'ai besoin de quelqu'un pour me l'expliquer. Voulez-vous vous asseoir et m'expliquer le sens de ces mots. »

Philippe était heureux d'aider cet homme. Il grimpa dans le char et expliqua ce que le prophète avait écrit sur Jésus, il y a bien longtemps. Dans le texte, Jésus est comparé à un agneau qui est tué en sacrifice. Jésus est mort pour nous. Ainsi, Philippe lui annonça la bonne nouvelle. Il lui dit qu'il fallait croire en Jésus et être baptisé.

L'homme écoutait attentivement. Il se disait que c'était une histoire extraordinaire. Peu après, ils arrivèrent à un endroit où il y avait de l'eau.

- Regardez ! Puis-je être baptisé dans cette eau, tout de suite, demanda l'homme à Philippe.
- Oui, si tu crois de tout ton cœur, tu peux être baptisé, répondit Philippe.
- Je crois que Jésus est le Fils de Dieu, ajouta l'homme.

Alors, ils descendirent du char et Philippe le baptisa. Tout de suite après, le Saint- Esprit enleva Philippe.

Vois-tu comment le Saint-Esprit a guidé Philippe dans ce récit ? Il lui a dit où aller et lui a demandé de parler à l'homme dans le char. Il a aidé Philippe à expliquer la Bible. Puis, il a emmené Philippe vers un autre endroit. Le Saint-Esprit est un guide extraordinaire.

Quelques questions

Pourquoi le Saint-Esprit a-t-il envoyé Philippe vers le char ?

Pourquoi l'homme dans le char avait-il besoin de Philippe ?

Que lisait cet homme ?

Verset à mémoriser

Jésus dit :
Il vous conduira dans la vérité tout entière.
– Jean 16.13

Lecture biblique

Actes 8.26-39

Chant

Ce chant est une prière pour demander à Dieu de guider nos vies.

Viens, Esprit du Dieu vivant,
Sois le Maître en moi.

Sonde-moi, courbe-moi,
Brise-moi, façonne-moi.

JEM 161 : Viens Esprit du Dieu vivant

Prière

Avec nos propres mots, demandons-lui de nous guider maintenant.

Saint-Esprit, guide-nous pour que nous sachions ce que tu veux que nous fassions. Aide-nous à t'entendre parler à nos cœurs, pour l'amour de Jésus, amen.

47

Le Saint-Esprit bâtit l'Église de Dieu

Sais-tu ce qui s'est passé quand Pierre parla à la foule, le jour où le Saint-Esprit est descendu sur eux ? La foule l'écoutait attentivement. Lorsque Pierre dit que ce Jésus qui avait été cloué sur la croix était le Fils de Dieu, la foule avait de la difficulté à le croire. Pierre poursuivit en disant : « Dieu l'a ressuscité. Nous l'avons vu après sa résurrection, et maintenant il est au ciel à la droite de Dieu. Ce Jésus que vous avez crucifié est le Christ, le Seigneur. » La foule était effrayée. Il était effrayant pour eux de penser qu'ils avaient crucifié le fils de Dieu. Ils demandèrent alors à Pierre : « Que devons-nous faire ? » « Repentez-vous, leur dit Pierre, faites-vous baptiser et vos péchés seront pardonnés. » Se repentir veut dire qu'on réalise les erreurs qu'on a faites et qu'on en est attristé.

Ce jour-là, trois mille personnes furent attristées par leurs péchés. Elles crurent en Jésus et furent baptisées. Dès lors, l'Église de Dieu commença à grandir. Au début, les disciples n'étaient pas très nombreux. Mais rapidement, il y avait de plus en plus de croyants. On les appelait *chrétiens*. Tout cela était le travail du Saint Esprit.

Un jour, alors que les chrétiens priaient ensemble, le Saint-Esprit parla à leurs cœurs en disant : « J'ai un travail particulier pour Paul et Barnabas. » Ces deux hommes étaient de bons chrétiens. Les gens de l'Église continuaient de prier pour savoir ce qu'ils devaient faire. Alors, le Saint-Esprit leur dit d'envoyer Paul et Barnabas dans des pays éloignés parler de Jésus

C'est ainsi que Paul et Barnabas devinrent les premiers missionnaires. Ils allèrent de ville en ville dans de nombreux pays. Partout, le Saint-Esprit travaillait dans le cœur des gens. Beaucoup devinrent chrétiens. L'Église continua sans cesse de grandir.

Il y eut beaucoup d'autres missionnaires par la suite. Encore aujourd'hui, des missionnaires partent dans tous les pays. Ils annoncent le chemin du salut. Il y a de plus en plus de personnes qui croient en Jésus et l'Église continue de grandir.

C'est le Saint-Esprit qui construit l'Église de Dieu. Il aide les missionnaires à raconter l'histoire de Jésus. Il met la foi dans le cœur de ceux qui sont appelés à devenir enfants de Dieu.

Quelques questions

- Que fait un missionnaire pour aider l'Église à grandir ?
- Que fait le Saint-Esprit ?
- Comment devons-nous participer à la mission de Dieu le Père ?

Verset à mémoriser

Nous avons besoin du Saint-Esprit pour faire de nous des enfants de Dieu. La Bible dit :

En effet, tous ceux que l'Esprit de Dieu conduit sont enfants de Dieu.
– Romains 8.14

Lecture biblique
Actes 16.13-15

Chant
La foi renverse devant nous
Les plus fortes murailles;
La foi triomphe des verrous
Et gagne les batailles.

La foi ouvre des trésors
De grâce et de puissance,
Et le plus faible devient fort
Sous sa sainte influence.

JEM 90 : La foi renverse devant nous

Prière
Saint-Esprit, toi qui bâtis l'Église en vivant dans le cœur des croyants, viens vivre dans nos cœurs. Enseigne-nous comment vivre pour le Père. Bénis tous ceux qui annoncent Jésus afin que plusieurs se repentent et croient, et qu'ainsi l'Église grandisse dans le monde entier. Amen.

VERSETS À RETENIR - PARTIE HUIT

Je mettrai en vous mon esprit.
Ézéchiel 36.27

Il faut obéir à Dieu plutôt qu'aux hommes.
Actes 5.29

Il vous conduira dans la vérité tout entière.
Jean 16.13

En effet, tous ceux que l'Esprit de Dieu conduit sont enfants de Dieu.
Romains 8.14

PARTIE NEUF

Comment devenir un enfant de Dieu ?

48

Nous devons confesser nos péchés

Dieu est saint, très grand et au-dessus de nous. Nous sommes petits et pécheurs. Nous ne sommes pas parfaitement justes et parfaitement miséricordieux comme lui. Souvent, nous lui désobéissons et nous nous éloignons de lui. Cependant, Dieu nous appelle à être ses enfants ! Comment pouvons-nous devenir ses enfants ?

Dans la Bible, Jésus raconte l'histoire d'un jeune homme qui quitta sa maison. Il partit parce qu'il n'était pas heureux et n'aimait pas son père. Un jour, le jeune homme alla voir son père et lui demanda de lui donner l'argent qu'il aurait normalement reçu à la mort de son père, c'était ce qu'on appelle un héritage. Le père aurait préféré garder l'héritage, car il ne voulait pas que son fils parte. Il donna tout de même l'héritage que son fils demandait et celui-ci partit de la maison.

Avec son argent, le fils s'amusa avec des amis. En fait, ce n'était pas de vrais amis. Ils voulaient juste s'amuser avec lui parce qu'il avait de l'argent. Puis un jour, le jeune homme réalisa qu'il avait gaspillé tout son argent. Il avait faim, mais n'avait plus d'argent. Il n'osait pas retourner dans la maison de son père. Alors, il dut chercher un travail pour gagner de l'argent et s'acheter de la nourriture. Il trouva un fermier qui lui proposa de garder ses champs et de nourrir ses cochons. Ce n'était pas un travail très agréable. Le jeune homme se sentait triste. Personne ne s'inquiétait de lui, personne ne lui donnait de bons repas. Alors, il rêva de la maison et de son père. Là, même les serviteurs mangeaient toujours de bons repas. Pourtant, le jeune n'osait toujours pas retourner chez son père. Il pensait que son père devait être en colère contre lui et qu'il ne le laisserait pas entrer, car il n'avait pas bien agi.

Quelques jours plus tard, le jeune homme se dit en lui-même : « Pourquoi faut-il que je reste ici ? Je suis malheureux. Je vais rentrer à la maison et je vais dire à mon père que j'ai mal agi envers lui et que je regrette ce que j'ai fait. Je pourrais peut-être travailler pour lui ! Peut-être me pardonnera-t-il et me laissera-t-il devenir l'un de ses serviteurs ? » Alors, le jeune homme se dirigea vers la maison de son père.

Pendant ce temps, le père aussi pensait à son fils qu'il aimait toujours. Chaque jour, il regardait le chemin, en espérant le voir revenir à la maison. Tout à coup, au loin, le père vit finalement son fils qui revenait ! Il se mit à courir vers lui. Il le prit dans ses bras et le serra très fort ! Il était si heureux de le revoir enfin ! Le jeune homme s'est écrié : « Père, j'ai péché ! » Le père, qui aimait tant son fils, lui pardonna tout le mal qu'il avait fait. Il dit aux serviteurs de la maison : « Faisons un repas afin de fêter son retour. »

Dieu est comme ce père. Si tu regrettes tes fautes, il te pardonnera. Comme le père de cette histoire, Dieu est heureux de nous voir venir vers lui, parce qu'il nous aime.

Quelques questions

- Comment ressemblons-nous au jeune homme de cette histoire ?
- Pourquoi son père était-il si heureux de le revoir ?
- Comment pouvons-nous revenir vers notre Père céleste ?

Verset à mémoriser

La Bible dit **:**

… si nous avouons nos péchés, il nous les pardonnera et il enlèvera tout le mal qui est en nous.
– 1 Jean 1.9

Lecture biblique

Luc 15.1-10

Chant

Tel que je suis, sans rien à moi,
Sinon ton sang versé pour moi
Et ta voix qui m'appelle à toi,
Agneau de Dieu, je viens, je viens !

Tel que je suis, bien vacillant,
En proie au doute à chaque instant,
Lutte au dehors, crainte au dedans,
Agneau de Dieu, je viens, je viens !

JEM 84 : Tel que je suis

Prière

Père, aide-nous à reconnaître que nous sommes pécheurs. Aide-nous à nous voir comme tu nous vois. Loin de toi, nous ne pouvons pas être tes enfants. Comme le père de l'histoire que Jésus a racontée, tu nous aimes d'un grand amour. Un amour qui nous accueille lorsque nous reconnaissons nos fautes. Amen.

49

Nous devons connaître le chemin

Quand un pécheur veut s'approcher de Dieu, il doit connaître le chemin. Te souviens-tu de l'histoire du jeune homme qui avait quitté la maison de son père ? Quand il est devenu trop triste et qu'il a pris la décision de retourner chez lui, il devait s'assurer d'emprunter le bon chemin jusqu'à la maison, n'est-ce pas ?

Pour revenir vers Dieu, c'est la même chose : il faut connaître le chemin. Si nous nous trompons, nous serons perdus. Les personnes qui commettent des fautes et ne reviennent pas à Dieu par le bon chemin de la justice et de la miséricorde de Dieu sont perdues à jamais. La Bible nous dit que Jésus est le seul chemin qui conduit à Dieu.

Une nuit, les disciples de Jésus étaient tristes. Ils avaient fini leur repas et étaient assis autour d'une table. Jésus leur avait dit qu'il s'en allait. C'était le dernier repas qu'ils prenaient avec lui. Les disciples ne voulaient pas que Jésus s'en aille. « Ne soyez pas tristes, leur avait dit Jésus, je retourne chez mon Père. Je vais vous préparer une place. Vous viendrez aussi et vous serez avec moi dans la maison de mon Père. » Un des disciples, Thomas, dit : « Seigneur, nous ne connaissons pas le chemin. » Jésus lui répondit : « *Je suis le chemin … nul ne vient au Père que par moi.* »

Que voulait dire Jésus en disant : « *Je suis le chemin* » ? Comment peut-il être le chemin qui mène à Dieu ? Les disciples ne comprenaient pas non plus. Ils savaient que Jésus était le fils de Dieu. Ce n'est que plus tard que le Saint-Esprit les aida à comprendre de quelle façon Jésus était le chemin.

La Bible, qui est la Parole de Dieu, nous explique comment Dieu a fait de Jésus le chemin du salut. Depuis longtemps, Dieu avait un plan pour sauver les humains qui sont tous injustes et cruels. Personne ne peut obéir parfaitement à Dieu et les fautes que nous commettons doivent être punies ; tous les péchés contre Dieu doivent être punis, sans exception. Mais Dieu a préparé un plan et a envoyé Jésus, son Fils, pour prendre la punition à notre place.

C'est ainsi que Jésus est le chemin qui conduit à Dieu.

Nous apprendrons encore de nouvelles choses sur le salut dans les prochaines leçons.

Quelques questions

- Quel est le plan merveilleux dont parle la Bible ?
- Pourquoi Dieu a-t-il eu un tel plan pour nous sauver ?
- Comment Jésus peut-il être le chemin du salut ?

Verset à mémoriser

Aujourd'hui, nous voulons apprendre ce que Jésus a dit.

« Le chemin, la vérité, la vie, c'est moi. Personne ne va au Père sans passer par moi. »
– Jean 14.6

Jésus est le seul chemin pour revenir à Dieu le Père qui est au ciel.

Lecture biblique

Jean 14.1-6

Chant

Né de la poussière et d'éternité,
J'ai vu la lumière, elle m'a racheté,
Et, le coeur avide de vraie liberté,
J'ai suivi ce guide, nommé Vérité.

Il est la vérité, le chemin et la vie,
On ne vient au Père que par lui.

JEM 135 : Né de la poussière

Prière

Père, toi qui es dans les cieux, nous te remercions pour ta Parole qui nous enseigne sur Jésus, le chemin vers toi. Aide-nous à comprendre ta Parole et garde-la dans nos cœurs pour que nous connaissions le chemin pour aller à toi. Amen.

50

Nous devons croire que Jésus est notre Sauveur

Nous avons appris que pour devenir enfants de Dieu, nous devons confesser nos péchés. Nous devons savoir que nous sommes pécheurs. Nous devons dire à Dieu que nous regrettons nos péchés.

Nous avons aussi appris que nous pouvons retourner à Dieu uniquement par Jésus. Jésus lui-même a enseigné qu'il est le chemin pour au ciel, vers le Père. Comment Jésus peut-il être le chemin ? Il l'est parce qu'il est le seul Sauveur.

Mais qu'est-ce que signifie croire que Jésus est notre Sauveur ? Cela signifie que nous sommes certains au plus profond de notre cœur qu'il est mort pour nous et que Dieu le Père pardonne tous nos péchés. Je dois croire qu'il est mort pour moi. Nous devons tous croire qu'il est mort pour nous.

Cela veut aussi dire que nous sommes certains que Jésus est maintenant au ciel, qu'il nous aime et qu'il veille sur nous. Nous devons croire qu'il prendra toujours soin de nous et que lorsque nous mourrons, il nous emmènera au ciel.

Jésus est venu sur la terre pour devenir notre Sauveur. À sa naissance, les anges ont chanté de joie, car Jésus venait pour sauver les pécheurs. Même avant sa naissance, Dieu a envoyé un ange pour annoncer à Marie, sa mère, que Jésus serait le Sauveur.

Voici l'histoire. Marie était une jeune femme qui vivait dans la petite ville de Nazareth. Un jour, elle aperçut l'ange Gabriel et elle eut peur. Mais l'ange lui dit : « N'aie pas peur. Dieu t'a montré son amour d'une manière bien particulière. Tu mettras au monde un fils, et tu l'appelleras Jésus. » Dieu lui a donné ce nom parce qu'il l'a envoyé sur terre pour devenir notre Sauveur.

Par la suite, un ange vint vers Joseph, le futur époux de Marie, et lui parla dans un rêve pour lui annoncer que Marie, sa femme, aurait un petit garçon. Il devait l'appeler Jésus parce que celui-ci sauverait son peuple de ses péchés . Voilà ce que Jésus est venu faire sur la terre.

Après que Jésus fut retourné au ciel, ses disciples allèrent partout dans le monde annoncer cette nouvelle. Ils dirent à tous : « Vous devez croire en Jésus qui est venu sur la terre pour enlever vos péchés. »

Quand nous pensons à quel point nous sommes pécheurs et à quel point Dieu est saint, cela peut être effrayant. Mais si nous croyons en Jésus, nous ne devons plus avoir peur, car Dieu a pardonné nos fautes. Il lave nos cœurs, et un jour, nous ne commettrons plus de fautes. Nous serons purs et sans péché. Nous vivrons au ciel avec Jésus et Dieu, le Père.

Quelques questions

- Que signifie le nom « Jésus » ?
- Qui a choisi ce nom ?
- De qui est-il le Sauveur ?

Verset à mémoriser

La Bible dit :

Crois au Seigneur Jésus, alors tu seras sauvé, toi et ta famille.

– Actes 16.31

Lecture biblique

Actes 16.25-34

Chant

Crois seulement, crois seulement,
Tout est possible à celui qui croit !
Crois seulement, crois seulement,
Tout est possible, crois seulement !

JEM 156 : Crois seulement

Prière

Ô Père, nous ne pourrons jamais te remercier assez pour Jésus notre Sauveur. Saint-Esprit, convaincs nos cœurs qu'il est notre Sauveur, qu'il est venu sur terre pour mourir à notre place afin que nos péchés puissent être pardonnés. Amen.

51

Nous devons naître de nouveau

Toutes les filles et tous les garçons aiment célébrer leur anniversaire. Chacun est heureux d'avoir vieilli d'une année. Les parents, eux, se rappellent à quel point leur enfant était petit ou petite au moment de sa naissance et combien ils étaient heureux ce jour-là.

Mais comment est-il possible de naître de nouveau, comme l'a dit Jésus ?

La Bible raconte l'histoire d'un homme appelé Nicodème. Un soir, il était venu rencontrer Jésus pour lui parler de Dieu et du Royaume de Dieu. Jésus lui dit : « Personne ne peut voir le Royaume de Dieu à moins de naître de nouveau. » Nicodème trouva ces paroles bien étranges, il ne comprenait pas du tout. « Je suis un homme âgé. Comment pourrais-je naître de nouveau, comment redevenir un bébé ? » Jésus lui répondit : « Personne ne peut entrer dans le Royaume de Dieu à moins d'être né d'eau et d'esprit. »

Que voulait dire Jésus ? Essayons de comprendre.

Nous avons appris que nous sommes nés avec un cœur pécheur. Nous avons donc besoin d'un nouveau cœur. Nous devons dire à Dieu que nous regrettons nos mauvaises actions et que nous sommes tristes des fautes que nous avons commises. Nous avons aussi appris que nous pouvons aller vers Dieu seulement par Jésus, parce qu'il est le seul chemin. Nous avons appris que nous devons croire en Jésus. Nous devons croire qu'il est mort sur la croix pour nous et qu'ainsi nos fautes sont pardonnées.

Mais savais-tu que, par nous-mêmes, nous sommes incapables de faire cela ? Le péché est si fort dans nos cœurs que nous ne pouvons pas devenir enfants de Dieu, à moins que le Saint-Esprit ne transforme nos cœurs. C'est le Saint-Esprit qui nous rend capables d'être attristés par nos fautes. Il nous aide à comprendre que Jésus est le seul chemin pour aller vers Dieu le Père. C'est le Saint-Esprit qui place la foi dans nos cœurs et qui nous rend capables de croire que Jésus est notre Sauveur. Quand le Saint-Esprit fait cette transformation, il nous donne un cœur nouveau, un cœur qui ne veut pas commettre de péchés, un cœur qui aime Dieu et qui désire lui plaire, un cœur qui demande « Seigneur, que veux-tu que je fasse ? » C'est ce changement dans notre cœur qui montre que nous sommes nés de nouveau et que nous sommes devenus des enfants de Dieu qui appartiennent au Royaume de Dieu. Notre nouveau cœur, transformé par le Saint-Esprit, est un cœur qui choisit de faire la volonté de Dieu.

Quelques questions

- Pourquoi avons-nous besoin d'un cœur nouveau ?
- Comment pouvons-nous obtenir ce cœur nouveau ?
- Comment pouvons-nous savoir que nous avons un cœur nouveau ?

Verset à mémoriser

Jésus a répondu à Nicodème :

« Je te le dis, c'est la vérité, personne ne peut voir le Royaume de Dieu, s'il ne naît pas de nouveau. »

– Jean 3.3

Lecture biblique

Jean 3.1-5

Chant

Tu peux naître de nouveau,
Tu peux tout recommencer,
Balayer ta vie passée,
Et repartir à zéro,
Et repartir à zéro,
Avec Jésus pour berger.

JEM 245 : Tu peux naître de nouveau

Prière

Saint-Esprit, prends nos cœurs et renouvelle-les. Nous serons ainsi des enfants de Dieu qui appartiennent au merveilleux Royaume des Cieux. Amen.

VERSETS À RETENIR - PARTIE NEUF

... si nous avouons nos péchés, il nous les pardonnera et il enlèvera tout le mal qui est en nous.
1 Jean 1.9

Le chemin, la vérité, la vie, c'est moi. Personne ne va au Père sans passer par moi.
Jean 14.6

Crois au Seigneur Jésus, alors tu seras sauvé, toi et ta famille.
Actes 16.31

« Je te le dis, c'est la vérité, personne ne peut voir le Royaume de Dieu, s'il ne naît pas de nouveau. »
Jean 3.3

PARTIE DIX

Comment vivent les enfants de Dieu

52

Les enfants de Dieu deviennent de nouvelles créatures

Te souviens-tu comment Adam et Ève ont été si merveilleusement bien créés ? Te souviens-tu comment ils étaient heureux avant de faire des choses que Dieu ne voulait pas ? Tu te souviens peut-être de la leçon sur Dieu qui a créé l'homme à son image ? Adam et Ève étaient sans péché et purs. Ils étaient à l'image de Dieu et ils étaient très heureux.

Mais un jour, Adam et Ève péchèrent contre Dieu. Ils lui désobéirent. Dès qu'ils péchèrent, leurs cœurs changèrent. Ils n'étaient plus purs et sans péché à présent. Ils devinrent égoïstes, insatisfaits, batailleurs, malins et très malheureux. Dès ce jour, tous les êtres humains eurent tous ces défauts dans leur cœur. Nous sommes pécheurs et nous sommes souvent malheureux. Dieu peut difficilement voir son image en nous.

Jésus est venu pour pardonner nos péchés afin que nous puissions redevenir purs et sans péché. Quand nous croyons en Jésus le Sauveur, Dieu nous donne un cœur nouveau. Un cœur qui veut vivre pour lui. Jésus vient vivre dans ce nouveau cœur. Ce nouveau cœur désire faire ce qui est bien.

Pourtant, même avec ce nouveau cœur, il nous arrive encore de faire le mal. Nous ne devenons pas purs et bons d'un seul coup ! Le péché ne disparaît pas tout de suite. Notre ancien cœur de pécheur est encore là et veut continuer à mal agir.

Dieu veut que nous grandissions en suivant l'exemple de Jésus. Tu sais que Jésus était bon et gentil. Il était pur et saint. Il était doux, aimable et obéissait à Dieu. Nous devrions grandir en suivant son exemple. Nous devons apprendre à obéir à Dieu. Nous devons prendre des forces pour lutter contre le péché qui se trouve encore dans notre ancien cœur.

Si Jésus vit dans nos cœurs, nous avons été transformés et nous avons un nouveau cœur. Ce nouveau cœur fait de nous de nouvelles créatures, de nouvelles personnes. Ce cœur nouveau nous permet de suivre l'exemple de Jésus. Alors, laissons donc Jésus agir dans ce nouveau cœur afin qu'il le remplisse de son amour. Que Jésus prenne toute la place afin qu'il n'y ait plus de place pour notre ancien cœur.

Quelques questions

- Comment devenons-nous de nouvelles créatures ?
- Quelles sont les mauvaises pensées et actions que produit ton cœur ?
- Vois-tu ce que les autres autour de toi font de mal ?
- Comment pouvons-nous nous débarrasser du mal qui habite nos cœurs ?

Verset à mémoriser

Dans la Bible l'Esprit confirme dans la pensée de Paul ce qu'est la vie en Jésus :

Alors, si quelqu'un est uni au Christ, il est créé à nouveau. Ce qui est ancien est fini, ce qui est nouveau est là.

– 2 Corinthiens 5.17

Comprends-tu ce que Paul voulait dire ?

Lecture biblique

Jean 15.1-5

Chant

Seigneur, par tes bontés, je jouis de la vie;
Tu sauves ma vie du néant,
Tu effaces tout mon passé.

Seigneur, par tes bontés, je jouis de la vie;
Sur mon coeur nouveau devenu blanc
Tu inscris ta vérité.

JEM 268 : Seigneur, par tes bontés
© 1981 Alain Bergèse

Prière

Seigneur Jésus, nous nous donnons à toi. Viens dans nos coeurs. Fais ce que tu veux de nous. Rends-nous justes et miséricordieux comme toi. Ainsi, nous deviendrons heureux et nous t'adorerons pour toujours. Amen.

53

Les enfants de Dieu aiment Dieu

Un jour, un des amis de Jésus, Simon de Béthanie, lui prépara un grand dîner. Tous les meilleurs amis de Jésus étaient invités : Lazare qui aimait beaucoup Jésus, ses deux sœurs, Marie et Marthe, et beaucoup d'autres personnes étaient présentes. Les disciples étaient là aussi.

Marthe préparait le repas. Elle était heureuse de le faire pour Jésus qu'elle aimait tant. Marie aussi aimait Jésus. Elle lui montra comment elle l'aimait, mais d'une autre manière. Elle choisit de prendre un flacon de parfum très précieux et très cher pour le verser sur Jésus. Marie fit alors le tour de la table autour de laquelle tous les invités étaient assis pour aller vers Jésus. Arrivée derrière lui, elle commença à répandre le parfum sur lui, sur sa tête et sur ses pieds. Ainsi, elle vida tout le flacon. Elle aimait tant Jésus. La douce odeur du parfum remplit la pièce pendant que Marie, à genoux, essuyait les pieds de Jésus avec ses longs cheveux.

Certains invités pensaient qu'elle gaspillait son parfum en le versant ainsi sur Jésus. Mais elle ne gaspillait rien. C'était son cadeau pour Jésus et elle voulait lui donner quelque chose de très précieux. Jésus était heureux.

Lazare, Marie et Marthe aimaient Jésus. Sais-tu pourquoi ils l'aimaient autant ?

Jésus était venu de nombreuses fois dans leur maison. Ils savaient combien Jésus était bon, doux et aimant. Ils entendirent ses paroles. Ils crurent qu'il était le Sauveur, envoyé par Dieu. Ils crurent que Jésus enlèverait leurs péchés. Ils ne savaient pas encore que Jésus devait mourir pour eux. Ils savaient par contre que Jésus les aimait très fort. Et ils l'aimaient en retour.

Nous savons que Jésus nous a tant aimés parce qu'il est mort sur la croix pour nous. Nous aussi, nous devrions l'aimer ! Nous savons qu'il nous aime aujourd'hui et qu'il nous garde chaque instant. Si nous sommes réellement les enfants de Dieu ; si nous avons des cœurs nouveaux, nous l'aimons certainement de plus en plus.

Quelques questions

- Qu'a fait Jésus pour nous ?
- Que fait-il chaque jour pour nous ?
- Que pouvons-nous donner ou faire pour montrer à Jésus que nous l'aimons ?

Verset à mémoriser

La Bible dit :

Mais nous, nous aimons, parce que Dieu nous a aimés le premier.

– 1 Jean 4.19

Lecture biblique

Jean 12.1-3

Chant

Jésus mon bien-aimé, tout mon trésor,
Tu m'as donné ton amour et ta vie;
De tout mon coeur je t'aime et je t'adore
Et tout mon être te prie.

Alléluia, alléluia,
Agneau de Dieu,
Digne Seigneur.
Alléluia, alléluia,
Mon âme te loue,
Ô Seigneur !

JEM 221 : Jésus mon bien-aimé
© 1977 Rolf Schneider

Prière

Jésus, quand nous pensons à quel point tu nous as aimés, nous voulons t'aimer de tout notre cœur. Nous voulons te donner ce que nous avons de mieux, tout ce que nous avons. Père, nous te remercions d'avoir envoyé ton fils pour être notre Sauveur. Dieu, nous ne pourrons jamais assez t'aimer ou te remercier. Amen.

54

Les enfants de Dieu s'aiment les uns les autres

Quand tu joues, dis-tu : « Moi, moi en premier ? » Savais-tu que nous ne devrions pas toujours vouloir être le premier ? Pourquoi ne devrions-nous pas vouloir être les premiers ? C'est parce qu'en demandant à être le premier tu es égoïste. Tu penses à toi en premier et tu te préfères aux autres. Se montrer égoïste n'est pas un bon comportement.

Dieu nous demande de l'aimer le premier et d'aimer les autres comme nous nous aimons nous-mêmes. Le péché dans notre cœur nous pousse à nous aimer d'abord.

Tout le monde a dans son cœur le défaut d'égoïsme. Même les disciples de Jésus étaient égoïstes. Par exemple, un jour, ils demandèrent à Jésus : « Qui sera le premier dans le Royaume des Cieux ? » Alors, Jésus leur enseigna à ne pas être égoïstes. Puis, Jésus fit quelque chose que les disciples n'oublièrent jamais.

Cela se passa un soir, lors d'un repas. C'était un soir bien spécial, car c'était le dernier repas que Jésus prenait avec ses disciples. Ils étaient tous là. Comme ils portaient tous des sandales, leurs pieds étaient très poussiéreux. Toutefois, il n'y avait pas de serviteur pour leur laver les pieds avant de prendre le repas. Il y avait une bassine d'eau et une serviette, mais personne pour laver. Aucun disciple ne voulait faire le travail du serviteur. Ils s'assirent donc à table sans se nettoyer les pieds.

Alors, Jésus se leva, versa de l'eau dans la bassine et commença à laver les pieds de chacun de ses

disciples. Les disciples étaient maintenant gênés et honteux. Pensez-y ! Jésus, le fils de Dieu, leur maître, était en train de faire un travail de serviteur ! Quand le tour de Pierre arriva, il dit à Jésus : « Non ! Tu ne dois pas me laver les pieds ! » Mais Jésus lui lava et sécha les pieds, comme il lava et sécha les pieds de tous les disciples.

Quand il eut fini, il s'assit et leur dit : « Vous m'appelez maître et Seigneur, je le suis et pourtant j'ai lavé vos pieds. J'ai fait cela pour vous montrer ce que veut dire s'aimer les uns les autres. »

Si leur maître les aime au point qu'il peut être leur serviteur, les disciples doivent s'aimer les uns les autres. Nous devons aimer les autres. Nous devons même être leur serviteur.

Quelques questions

- Comment Jésus a-t-il montré son amour envers nous ?
- Comment pouvons-nous montrer notre amour envers les autres ?
- Si nous aimons les autres, pouvons-nous dire : « Moi ! Moi ! En premier ! » ?

Verset à mémoriser

Jésus a dit :
Voici mon commandement : aimez-vous les uns les autres, comme je vous ai aimés.
– Jean 15.12

Lecture biblique

1 Jean 4.7-11

Chant

Seigneur, tu as mis ta joie
Et ta paix dans mon coeur,
Et à chaque instant tu m'aides
A vivre en ton honneur.
Car ta joie, ô Seigneur,
Grandit dans mon coeur,
Et mes mains se tendent vers mon prochain.

JEM 256 : Seigneur, tu as mis ta joie

Prière

Demandons à Dieu de nous aider à nous aimer les uns les autres.

Jésus, tu nous as tant aimés. Aide-nous à nous aimer les uns les autres. Aide-nous à sortir l'égoïsme de nos cœurs, parce que l'égoïsme est un péché. Nous pourrons alors rendre les autres heureux. Amen.

55

Les enfants de Dieu ont confiance en Dieu

Dieu prend soin de tout. L'univers, si immense, est entre ses mains. La lune et les étoiles sont dans ses mains. Il prend soin des oiseaux et des fleurs. Il prend soin des enfants. Il prend soin de toi et de moi.

Penses-tu que les enfants de Dieu doivent avoir peur ? Oh non ! Nous devons avoir confiance en Dieu. Il a promis de toujours prendre soin de nous.

La Bible raconte que Pierre fit, un jour, quelque chose d'extraordinaire parce qu'il eut confiance en Jésus. L'histoire raconte aussi ce qui arriva au moment où Pierre perdit cette confiance.

Un soir, les disciples de Jésus étaient à bord d'un bateau. Seule la lune éclairait la mer. Soudain, un gros orage éclata. Le vent commença à souffler fort et le bateau commença à éprouver des difficultés à avancer dans la bonne direction. De grosses vagues entraient dans le bateau. Les disciples avaient peur. Jésus n'était pas avec eux. Alors qu'ils étaient en train de ramer fort, ils aperçurent une forme blanche qui se déplaçait vers eux. Puisqu'il faisait noir, personne ne pouvait dire ce que c'était et ils avaient tous très peur. Cette chose blanche leur faisait encore plus peur que l'orage.

Puis soudain, ils entendirent la voix de Jésus qui disait : « N'ayez pas peur, c'est moi. » Comme ils étaient heureux et rassurés ! C'était Jésus qui venait vers eux en marchant sur l'eau. Il était là, à côté d'eux, durant la tempête et il prenait soin d'eux. Alors, Pierre dit à Jésus : « Si c'est vraiment toi, laisse-moi marcher sur l'eau vers toi. » Jésus lui répondit : « Viens ! ». Pierre sauta hors du bateau et garda les yeux fixés sur Jésus. Il posa ses pieds sur l'eau et marcha vers Jésus.

Mais soudain, le vent souffla plus fort. Pierre vit une vague venir vers lui et ne regarda plus Jésus. Alors, la peur lui revint et Pierre commença à s'enfoncer dans l'eau. « Seigneur, aide-moi ! », cria-t-il. Jésus lui saisit la main et ils retournèrent vers le bateau.

N'est-ce pas merveilleux de penser que Pierre pouvait marcher sur l'eau parce qu'il avait fait confiance à Jésus ! En effet, il commença à s'enfoncer dans l'eau à partir du moment où il détourna son regard de Jésus et cessa de lui faire confiance. Nous devons toujours faire confiance en Jésus. Pierre n'aurait pas dû avoir peur. Il avait fait ce que Jésus lui avait demandé. Quand nous faisons ce que Dieu veut que nous fassions, nous ne devons jamais avoir peur. Dieu a promis de prendre soin de nous.

Quelques questions

- Comment Pierre a-t-il pu marcher sur l'eau ?
- Pourquoi s'enfonça-t-il dans l'eau ?
- Comment devons-nous faire confiance à Dieu quand nous sommes malades ?
- Quand nous sommes dans le noir ?
- Quand nous travaillons ?
- Quand nous jouons ?

Verset à mémoriser

La Bible dit :

Celui qui met sa confiance dans le Seigneur est en sécurité.

– Proverbes 29.25

Lecture biblique

Matthieu 14.24-31

Chant

Jour de joie, jour de victoire,
Il étend sa main d'en haut,
Me retire des grandes eaux;
Il me saisit et me délivre.
L'Éternel est mon appui
Devant tous mes ennemis.
Dieu se lève avec éclat
Et il marche devant moi.

JEM 442 : Jour de Joie
© 1992 Mady Ramos

Prière

Père, toi qui es dans les cieux, parfois nous sommes effrayés. Aide-nous à nous souvenir que tu prends soin de nous. Aide-nous à te faire toujours confiance. Amen.

56

Les enfants de Dieu sont généreux

Es-tu heureux quand c'est ton anniversaire ? Ce jour est un jour joyeux, n'est-ce pas ? Tu célèbres peut-être ce jour avec tes amis ou avec ta famille. Peut-être reçois-tu des surprises ou des cadeaux. C'est agréable de recevoir des cadeaux n'est-ce pas ?

Recevoir des cadeaux rend heureux. Mais sais-tu qu'il y a quelque chose d'autre qui rend encore plus heureux ? Donner rend plus heureux que recevoir. Nous pouvons donner un cadeau à notre mère, à notre père, à nos sœurs, à nos frères ou à nos amis parce que nous les aimons. Essaie et tu verras combien cela te rendra heureux.

Il y a encore mieux. Donner à Dieu nous rend particulièrement heureux. Te souviens-tu de Marie, l'amie de Jésus, qui avait versé sur Jésus son parfum précieux ?

Il y a bien longtemps, Dieu avait demandé aux Israélites, son peuple, de lui construire un tabernacle, une sorte de grande tente pour l'adorer. Dieu dit à Moïse, le chef des Israélites, comment le construire et quels matériaux utiliser : de l'or, de l'argent, du bois, de beaux tissus, du cuir, des bijoux, de l'encens…

Penses-tu que les Israélites voulaient vraiment apporter de tels cadeaux à Dieu pour le tabernacle ? Oui, tous ceux qui aimaient Dieu étaient heureux d'apporter leurs cadeaux. Et il y eut beaucoup de cadeaux, beaucoup de très belles choses. Les gens apportaient tant de cadeaux que Moïse avait maintenant trop de matériaux. C'est ainsi que le peuple montra son amour pour Dieu. Pourquoi étaient-ils si heureux d'apporter quelque chose à Dieu ? Parce que Dieu avait fait beaucoup de choses pour les Israélites.

La générosité de Dieu est extraordinaire. Il nous a donné tout ce qu'il faut pour vivre. Quand nous donnons, nous devenons un peu comme lui, et c'est ce qui nous rend heureux.

Que pouvons-nous donner ? À qui donner ?

Premièrement, nous devons nous donner nous-mêmes à Dieu. Si nous sommes les enfants de Dieu, nous devons dire à Dieu : « Je t'appartiens. » C'est le plus beau cadeau que nous pouvons lui faire.

Et parce que nous aimons Dieu, nous voulons donner aux autres. Nous voulons partager toutes les bonnes choses que nous avons. Nous donnons aux pauvres, parce que Jésus les aime comme nous. Nous donnons pour aider les missionnaires qui parlent de Jésus partout. Nous disons de belles paroles ou faisons des choses gentilles aux personnes autour de nous, comme Jésus l'a fait.

Jésus a dit que lorsque nous donnons quelque chose à quelqu'un par amour pour lui, c'est comme si nous donnions cette chose à Jésus lui-même. N'est-ce pas merveilleux de pouvoir donner ainsi à Jésus ? Tout comme Marie l'a fait, nous pouvons donner à Jésus. Nous lui montrons ainsi à quel point nous l'aimons.

Quelques questions

- Que devons-nous donner à Dieu par-dessus tout ?
- Comment pouvons-nous donner à Jésus ?
- Pourquoi cela nous rend-il heureux ?

Verset à mémoriser

Jésus a aussi dit :
Il y a plus de bonheur à donner qu'à recevoir.
– Actes 20.35

Nous devons donner, donner et donner. Si nous donnons parce que nous aimons Jésus, nous serons heureux et Dieu nous donnera plus que nous ne pouvons lui demander. Il nous donnera la joie pour toujours.

Lecture biblique

Psaumes 96

Chant

Toi qui disposes de toutes choses
Et nous les donnes chaque jour,
Reçois, ô Père ! Notre prière
De reconnaissance et d'amour.

JEM 63 : Toi qui disposes

Prière

Père, toi qui es dans le ciel, nous te prions parce que tu es grand, saint et glorieux. Nous te donnons nos cœurs. Nous te donnons tout ce que nous avons parce que nous t'appartenons et que nous t'aimons. Nous sommes heureux, car nous pouvons te donner quelque chose ainsi qu'à notre Sauveur. Amen.

57

Les enfants de Dieu sont obéissants

La Bible nous parle d'un roi appelé Saül. Il était le roi du peuple de Dieu, les Israélites. Il était grand, fort et courageux. Il était aussi un bon soldat. Le peuple était heureux lorsque Dieu le choisit comme roi.

Un jour, le prophète Samuel dit au roi Saül que Dieu voulait qu'il combatte le peuple d'Amalek. C'était un peuple cruel et méchant. Aussi, après avoir remporté la victoire contre eux, il fallait tuer tous leurs animaux et n'en garder aucun. Tout ce qui appartenait au peuple d'Amalek devait être détruit.

Le roi Saül et ses soldats partirent donc pour le combat. Dieu utilisa son peuple pour punir le peuple d'Amalek. Le roi Saül et ses soldats gagnèrent la bataille, ce qui les rendit heureux.

Mais une nuit, Dieu s'adressa à Samuel, le prophète. Il lui dit : « Saül ne m'a pas obéi. » Samuel était désolé et se demandait ce que le roi Saül avait fait. Au matin, Samuel descendit au camp de l'armée et, comme il s'approchait, il entendit quelque chose. C'était le bêlement des moutons et le mugissement du bétail. Alors, Samuel sut ce que le roi Saül avait fait. Il n'avait pas tué tous les animaux qui appartenaient au peuple d'Amalek.

Samuel se précipita pour trouver Saül qui se réjouissait de sa victoire.

- J'ai fait ce que Dieu avait demandé, déclara Saül.
- Quels sont tous ces bruits que j'entends ? demanda Samuel.
- Ce sont les animaux, mes hommes ont gardé les plus beaux pour les donner en sacrifice à Dieu, répondit Saül.
- Dieu t'avait dit de ne garder aucun animal. Tu n'as pas obéi. Et parce que tu ne lui as pas obéi, il ne veut plus que tu sois le roi. Il t'enlèvera ton royaume, déclara Samuel.

Alors, le roi Saül devint triste. Il comprit trop tard l'importance d'obéir à Dieu. Obéir était plus important que d'offrir un cadeau à Dieu.

Nous pouvons donner beaucoup d'argent pour Dieu, lui donner de nombreux présents, mais si nous l'aimons réellement nous voudrons lui obéir. C'est la meilleure manière de lui montrer que nous l'aimons.

Voici un commandement que Dieu a donné spécialement aux enfants. Il aimerait que nous puissions le retenir. Dieu nous dit : « Enfants, obéissez à vos parents. » Ce commandement veut dire qu'il faut obéir à ses parents parce que le Seigneur le veut. Quand nous obéissons à nos parents, nous obéissons aussi à Dieu. Jésus a obéi à ses parents quand il était sur la terre. Il obéit aussi à son Père au ciel. Si nous voulons devenir de plus en plus comme Jésus, nous devons savoir obéir à Dieu.

Quelques questions

- Pourquoi Saül a-t-il désobéi à Dieu ?
- Comment Samuel a-t-il su que Saül était désobéissant ?
- Pouvons-nous réellement aimer Dieu et lui désobéir ?
- Pourquoi les enfants doivent-ils obéir à leurs parents ?

Verset à mémoriser

Nous devons tous nous rappeler ce que Samuel a dit à Saül :

L'obéissance vaut mieux que les sacrifices des animaux les plus gros.

– 1 Samuel 15.22

Lecture biblique

Jean 15.8-12

Chant

Sur le chemin va sans peur
Car Jésus est devant toi,
Il veut être ton Sauveur,
Oh ! suis-le, oh ! suis-le par la foi.

Et maintenant saisis la main de ton Sauveur,
Car lui seul te donne l'éternel bonheur.
Il a donné sa vie sur la croix,
Oh ! suis-le, oh ! suis-le par la foi.

(JEM 138 : Sur le chemin)

Prière

Seigneur Jésus, nous savons que nous devons être obéissants. Si nous te faisons confiance et t'obéissons, nous serons heureux. Aide-nous à savoir ce que tu veux et aide-nous à t'obéir. Amen.

58

Les enfants de Dieu sont travaillants

As-tu déjà vu des chatons jouer ensemble ? Ils courent, sautent, chassent les balles, se roulent sur le sol. Les autres bébés animaux, comme les chiots, les oursons et les agneaux, aiment aussi jouer.

Les enfants aussi aiment jouer, mais ils doivent également travailler. Ils ne peuvent pas jouer tout le temps. Dès qu'ils sont assez grands, ils doivent aider leurs parents. Plus ils grandissent, plus ils ont de travail à faire. Les grandes personnes travaillent beaucoup.

Dieu, qui a créé Adam et Ève, les avait placés dans un beau jardin, beau comme un parc. Il y avait des fleurs, des oiseaux, des arbres avec des fruits de toutes sortes et des rivières limpides. Adam et Ève devaient travailler, car Dieu leur avait demandé de « prendre soin du jardin ».

Adam et Ève étaient heureux dans ce jardin. Prendre soin des arbres, des plantes, embellir le jardin leur apportait de la joie. Mais quand le péché vint, au moment où Adam et Ève écoutèrent Satan, Dieu les sortit du jardin. Dès ce moment, ils durent travailler la terre, planter des graines et arracher les mauvaises herbes qui poussaient très vite. Tout ce travail était très difficile ! Certaines plantes avaient même des épines qui les blessaient.

Nous avons parfois à travailler très fort et nous sommes fatigués. Mais le travail est bon pour nous. Il nous rend forts et notre corps devient plus résistant. Le travail rend heureux aussi. Accomplir quelque chose rend heureux. Il y a de la joie à voir un travail bien fait.

Nous pouvons travailler pour aider les autres et leur faire plaisir.

Mais le meilleur travail est celui que nous faisons pour Dieu. Il se réjouit quand nous faisons du bon travail. Quand nous pensons à lui lorsque nous travaillons, nous sommes heureux, même si le travail est dur. Travailler pour lui est magnifique.

Prendre soin des animaux, des oiseaux, des fleurs et des arbres est un travail qui plaît à Dieu et qui nous revient encore aujourd'hui.

Quelques questions

- Quel travail pouvons-nous faire pour nos parents ?
- Comment pouvons-nous travailler pour Dieu ?
- Quel était le travail de Jésus ?
- Pourquoi le travail est-il bon pour nous ?

Verset à mémoriser

La Bible dit :

Pendant six jours, travaille pour faire tout ce que tu as à faire.

– Exode 20.9

Lecture biblique

2 Thessaloniciens 3.10-12

Chant

Enseigne-nous à bien compter nos jours,
A rechercher de tout coeur la sagesse.
Rassasie-nous de ta bonté chaque matin,
Et la joie règnera tout au long de nos vies.

Que la grâce du Seigneur, notre Dieu, soit sur nous,
Pour affermir l'ouvrage de nos mains !
Que la grâce du Seigneur, notre Dieu, soit sur nous,
Pour affermir l'ouvrage de nos mains, Seigneur !

Enseigne-nous,
Seigneur, Seigneur !

JEM 196 : Psaumes 90.12,14,17

Prière

Père, toi qui es dans les cieux, pardonne-nous lorsque nous n'avons pas envie de travailler. Jésus a dû travailler et nous devons travailler. Chaque jour, aide-nous à faire notre travail pour toi. Amen.

59

Les enfants de Dieu lisent la Bible

À l'école, les enfants apprennent à lire des livres. Il y a beaucoup de bons livres à lire, des milliers et des milliers de bons et beaux livres. Nous avons envie de les lire, car il y a tant de choses à apprendre.

Il y a un livre que tout le monde devrait lire. Ce livre est le plus important des livres. Ce livre, c'est la Bible. Pourquoi est-ce un livre si important ? C'est parce que la Bible est le livre que Dieu a écrit pour nous. C'est le seul livre qui nous dit qui nous sommes et pourquoi nous sommes sur terre. Sans la Bible, nous ne pourrions pas comprendre tout cela. Nous ne comprendrions même rien du tout.

Dieu a commencé à écrire la Bible il y a bien longtemps, au temps de Moïse. Te souviens-tu de cette histoire à propos de Moïse, alors qu'il était encore un bébé ? Sa mère l'avait déposé dans un panier sur une rivière, et c'est la princesse d'Égypte qui l'avait trouvé. Moïse devint plus tard le grand chef du peuple de Dieu. C'est ce Moïse que Dieu aimait tant. À deux occasions, Moïse passa quarante jours seul avec Dieu, sur une montagne.

Dieu s'est servi de Moïse pour écrire la Bible pour nous. Le Saint-Esprit guidait Moïse. C'est ainsi que Moïse écrivit comment Dieu créa les cieux, la terre et tout ce qui est sur la terre. Il écrivit aussi à propos d'Adam et Ève, de leur création et de leur désobéissance. Puis, Moïse écrivit sur le peuple de Dieu, les Israélites, comment Dieu créa son peuple et comment il en prit soin.

Plus tard, Dieu choisit d'autres hommes pour continuer l'écriture de la Bible. Ils racontèrent l'histoire du Seigneur et écrivirent des choses qui devaient arriver. On les appelle les prophètes.

Plus tard encore, Dieu choisit d'autres personnes parmi les disciples de Jésus pour écrire à propos de la venue du Seigneur et de ce qu'il a fait pour nous.

La Bible est un gros livre. Nous ne pouvons pas la lire en un jour, mais nous devrions la lire chaque jour pour apprendre ce que Dieu veut que nous sachions de lui. La Bible est un livre si merveilleux que nous pouvons la lire chaque jour de notre vie et pourtant toujours apprendre quelque chose de nouveau sur Dieu. Nous y découvrons un grand Dieu. Nous y découvrons aussi comment nous pouvons vivre pour lui.

Un exercice utile est de mémoriser des versets de la Bible. De cette façon, nous gardons près de notre cœur les paroles de Dieu et leur permettons ainsi de nous faire grandir.

Quelques questions

- Pourquoi apprenons-nous à lire ?
- Pourquoi la Bible est-elle le livre le plus important à lire ?
- Comment pouvons-nous aider les gens dans les autres pays à lire la Bible ?

Verset à mémoriser

Quand tes paroles se présentaient à moi, je les dévorais. Elles me donnaient de la joie, mon cœur était en fête.

– Jérémie 15.16

Lecture biblique

Deutéronome 11.18-21

Chant

Comme un souffle fragile,
Ta parole se donne.
Comme un vase d'argile,
Ton amour nous façonne.

Ta parole est murmure.
Comme un secret d'amour,
Ta parole est blessure,
Qui nous ouvre le jour.

Ta parole est naissance.
Comme on sort de prison,
Ta parole est semence,
Qui promet la moisson.

JEM 392 : Comme un souffle fragile

Prière

Père, toi qui es dans les cieux, nous te remercions pour la Bible, ce merveilleux livre. Envoie ton Esprit dans nos cœurs pour nous aider à la comprendre et à l'aimer de plus en plus. Aide-nous à ne pas oublier de la lire, car sans la Bible, nous ne pouvons pas te connaître, et en la lisant souvent nous te connaîtrons de mieux en mieux. Amen.

60

Les enfants de Dieu pensent à Dieu

Connais-tu David, le jeune berger ? La Bible nous raconte son histoire.

David gardait le troupeau de son père. Il l'emmenait loin de la maison pour trouver de bons pâturages. Parfois, il le conduisait dans des vallées vertes entre de hautes montagnes et quand les bêtes avaient soif, il les menait vers l'eau. Il surveillait les moutons et les agneaux toute la journée pour éviter qu'ils ne soient attrapés par un lion ou un ours.

Quand le troupeau se reposait, David pouvait s'asseoir et jouer de la harpe. David créait de belles mélodies et de beaux chants. Il en écrivit sur Dieu.

David pensait souvent à Dieu. Quand il voyait les montagnes autour de lui, il pensait à Dieu qui les avait créées et placées là. Quand il voyait les fleurs dans l'herbe et qu'il entendait les oiseaux chanter, il se souvenait que Dieu les avait créés. La nuit, quand il voyait les étoiles dans le ciel, il se disait que Dieu est vraiment grand et saint. Puis, David devint un grand homme de Dieu. Dieu l'aimait beaucoup.

Nous devons penser à Dieu chaque jour, plusieurs fois par jour. Si nous pensons à lui durant notre travail et quand nous jouons, il sera plus facile de nous rappeler qu'il est bon de lui faire plaisir. Peu importe ce que nous faisons, nous devons faire plaisir à Dieu notre Père et à Jésus notre Sauveur. Ainsi, nous serons des enfants de Dieu de plus en plus forts.

Si nous pensons à Dieu quand nous jouons, nous ne pouvons pas être égoïstes, de mauvaise humeur ou en colère. Nous serons plutôt doux, gentils et aimants. Si nous pensons à Dieu durant notre travail, nous le ferons bien. Souvenons-nous qu'il est notre Père, notre Père céleste et qu'il nous aime tant. Jésus, notre cher Sauveur, nous aime aussi très, très fort.

Si nous pensons souvent à Dieu, comment pourrions-nous être méchants ? Comment pourrions-nous désobéir ou avoir peur quand il fait noir ?

Les chrétiens doivent penser à Dieu très souvent. Ils doivent chanter pour le remercier de son amour pour eux. Ainsi, ils seront des chrétiens joyeux.

Paul, le grand missionnaire, a écrit : « *Pour moi vivre, c'est vivre pour le Christ.* » Cela veut dire que l'amour de Jésus emplit tellement son cœur et son esprit que sa vie n'est vécue que pour Jésus. Voilà comment il pouvait être heureux même dans les moments difficiles. Son esprit gardait ses pensées sur Jésus. Le nouveau cœur que Dieu nous a donné nous remplit d'amour et de dévotion lorsqu'on pense à lui.

Quelques questions

- Qu'as-tu vu aujourd'hui qui t'a fait penser à Dieu ?
- Comment Paul a-t-il vécu pour le Seigneur ?
- Pourquoi sommes-nous heureux en pensant à Dieu ?

Verset à mémoriser

[Le peuple] ne se laisse troubler par rien. Seigneur, tu lui donnes une paix sûre, parce qu'il a confiance en toi.

– Esaïe 26.3

Lecture biblique

Psaumes 77.11-14

Chant

Te ressembler, Jésus,
C'est mon espoir suprême;
Penser, agir, aimer,
Toujours plus comme toi.
Te ressembler Jésus,
C'est mon espoir suprême.
Par ton Esprit rends-moi
Semblable à toi.

JEM 240 : Te ressembler, Jésus

Prière

Père, nous savons que si nous prenons le temps de penser à toi, nous deviendrons davantage semblables à toi. Aide-nous à comprendre comment il est merveilleux de penser à toi et à ton fils Jésus. Amen.

61

Les enfants de Dieu savent dire non quand il le faut

Il arrive que nous soyons tentés de mal nous conduire. Sais-tu ce que tu dois dire à la personne qui te dit de faire quelque chose de mal ? Tu dois dire « Non ! » Parfois, il est difficile de dire non.

Un jour, il y a bien longtemps, un méchant roi fit construire une grande statue devant laquelle il obligea son peuple à se mettre à genoux. Ce roi disait que la statue était un dieu.

Beaucoup de gens se tenaient autour de la statue. Le serviteur du roi a alors crié : « Dès que vous entendrez la musique, vous devez vous incliner. » Alors, quand la musique retentit, penses-tu que toutes les personnes présentes s'inclinèrent pour adorer cette statue, comme si elle était un dieu ? Non. Pas tous. Trois jeunes hommes restèrent debout sans bouger. Bien entendu, quand le roi les vit, il se mit en colère et demanda : « Qui sont ces jeunes hommes qui ont osé rester debout alors que j'ordonnais de s'agenouiller ? Amenez-les-moi ! »

Les serviteurs du roi lui amenèrent les trois hommes : Chadrac, Méchak et Abed-Négo. Le roi leur dit : « J'ai une grande fournaise dans laquelle il y a un immense feu extrêmement chaud. Si vous ne vous agenouillez pas devant la statue, je vous y jetterai. Maintenant la musique va retentir à nouveau et vous devez vous mettre à genoux ! » Mais les jeunes gens secouèrent la tête et lui répondirent : « Non, Ô roi. Nous servons le Dieu vivant. Nous ne pouvons pas nous incliner devant cette idole et pécher contre notre Dieu. Quand les musiciens joueront nous ne nous inclinerons pas et notre Dieu prendra soin de nous. »

Ils étaient très courageux, car ils ont osé dire non au roi. Ce n'était pas facile. Ils savaient que le roi pouvait les faire jeter dans le feu. Et c'est ce qu'il a fait, car il était très en colère. Mais une chose merveilleuse se passa. Dieu envoya un ange pour prendre soin des jeunes gens. Le feu ne leur fit aucun mal.

La Bible nous raconte l'histoire de ces trois jeunes gens parce qu'ils ont osé dire non, car ils savaient qu'ils devaient obéir à Dieu avant tout. La Bible nous raconte aussi que le roi Nabucodonosor loua Dieu après avoir vu comment il avait pris soin des trois jeunes garçons.

Parfois, nous devons dire non. Parfois, nous avons envie de faire quelque chose que notre mère nous a interdit ; nous avons envie de désobéir. Dans ces moments, nous devons dire : « Non, je ne veux pas désobéir à maman ». D'autres fois, un ami de classe à l'école essaie de nous faire faire quelque chose de mal. Nous devons lui dire « non ! » Parfois, le diable essaie de nous faire désobéir à nos parents. Nous devons lui dire « non ! ». Chaque fois que nous sommes tentés de faire une mauvaise chose, nous devons dire « non ! ». Alors, nous serons des enfants de Dieu forts.

Quelques questions

- Que signifie le mot « tentation » ?
- Qui nous tente à faire le mal ?
- Que devons-nous faire quand il est difficile de dire « non » ?

Verset à mémoriser

Paul a écrit un jour à ses amis :
Enfin, devenez forts avec la force très puissante du Seigneur.
– Éphésiens 6.10

Lecture biblique

Daniel 3.19-29

Chant

Le Seigneur seul est ma lumière,
Ma délivrance et mon appui.

Qu'aurais-je à craindre sur la terre
Puisque ma force est toute en lui ?

JEM 183 : Psaume 27

Prière

Seigneur Jésus, parfois je suis tenté de faire le mal. Aide-moi à dire « non ! ». Rends-moi fort pour faire le bien et te plaire. Aide les autres filles et garçons aussi, pour que nous puissions être heureux ensemble en toi. Amen.

62

Les enfants de Dieu racontent l'histoire de Dieu aux autres

Simon et son frère André étaient en train de pêcher des poissons sur le lac de Galilée. Ils avaient un bateau et un grand filet. Dès qu'ils étaient un peu éloignés des rives, ils jetaient leur filet dans l'eau, chacun tenant un bout.

Alors qu'ils étaient occupés, ils entendirent quelqu'un les appeler : « Simon, André ! » Ils regardèrent autour d'eux et ils virent un homme sur la berge. C'était Jésus qui les appelait : « Venez et suivez-moi. Je vous ferai pêcheurs d'hommes ! »

Pêcheurs d'hommes ? Simon et André ne comprenaient pas ce que voulait dire Jésus. Ils retirèrent tout de même le filet de l'eau et rejoignirent le rivage. Ils sortirent de leur bateau et allèrent avec Jésus.

Non loin de là, il y avait d'autres hommes dans un autre bateau. Jacques et son frère Jean réparaient leurs filets avec leur père Zébédée. Jésus s'arrêta et leur dit : « Venez, suivez-moi ! » Alors Jacques et Jean laissèrent leurs filets pour suivre Jésus.

Jésus voulait faire de Simon, André, Jacques et Jean des « pêcheurs d'hommes ». Sais-tu ce que cela veut dire ?

Ces hommes, depuis qu'ils étaient jeunes, attrapaient des poissons dans leurs filets. Ils rapportaient certains poissons à la maison pour les manger et les autres poissons étaient vendus. Ils savaient bien se servir des filets pour attraper du poisson. Maintenant, Jésus leur disait qu'ils allaient désormais attraper, non pas des poissons, mais des hommes afin de les conduire vers le Royaume des Cieux. C'était une pêche bien différente dont il était question. Jésus allait les envoyer dans le vaste monde vers les gens pour qu'ils les conduisent à lui.

Jésus leur a donc enseigné à devenir pêcheurs d'hommes. Tout d'abord, ils ont appris tout ce qu'ils devaient savoir grâce aux enseignements de Jésus ; c'était comme s'ils allaient à l'école et que Jésus était leur professeur. Ils ont appris à « attraper » des hommes. Ils sont ensuite devenus à leur tour des prédicateurs et des missionnaires capables d'annoncer le salut et de conduire ainsi les gens vers le Royaume des Cieux.

Juste avant de partir pour le ciel, Jésus dit à tous ses disciples : « Allez dans tout le monde pour annoncer la Bonne Nouvelle de l'Évangile. » C'est ainsi que Jésus fit d'eux des pêcheurs d'hommes.

Si nous appartenons à Jésus, et si le Saint-Esprit vit dans nos cœurs, nous devons nous aussi être des pêcheurs d'hommes. Nous devons dire aux autres ce que nous savons de Jésus pour que d'autres parviennent aussi au Royaume des Cieux. Il y a encore beaucoup de personnes qui ne connaissent pas Jésus et qui n'ont jamais entendu parler de son immense amour. Ils ne savent pas qu'il est mort pour nos péchés et qu'il a fait de nous des enfants de Dieu.

Nous voulons raconter cette merveilleuse histoire de Dieu. Nous deviendrons ainsi des pêcheurs d'hommes. Nous grandissons lorsque nous apprenons à devenir pêcheurs d'hommes.

Quelques questions

- Comment pouvons-nous être des pêcheurs d'hommes ?
- Que devons-nous dire aux autres à propos de Jésus?

Verset à mémoriser

Souvenons-nous de ce que Jésus a dit à ses disciples :

Allez chez tous les peuples pour que les gens deviennent mes disciples.

– Mathieu 28.19

Lecture biblique

Matthieu 28.16-20

Chant

Je passerai ma vie
À dire à tous mes frères, que tu es bon !
Oui, je passerai ma vie
À dire à tous mes frères que tu es bon.

Oh ! donne à mon coeur le rythme de ta joie,
Ô Seigneur avec moi !
Oh ! donne à ma joie le rythme de ton coeur,
Ô Seigneur !

JEM 194 : Tu es bon

Prière

Seigneur Jésus, parle-nous et appelle-nous à devenir des pêcheurs d'hommes. Dis-nous ce que nous devons dire de toi aux autres. Bénis les missionnaires partis dans les pays lointains pour t'annoncer à tous les peuples de la terre. Amen.

63

Les enfants de Dieu peuvent parfois avoir mal

Les enfants de Dieu se réjouissent quand ils savent que Jésus les aime. Mais parfois, ils ont à souffrir pour Jésus. Plusieurs personnes du peuple de Dieu ont souffert pour lui.

Quand Jésus est monté au ciel, ses disciples ont commencé à raconter comment Jésus était mort pour nos fautes. Beaucoup ont cru en Jésus. Ils sont devenus chrétiens.

Étienne était un jeune homme qui avait entendu les disciples parler de Jésus. Il avait cru en lui. Il aimait Jésus. Grâce au Saint-Esprit qui habitait maintenant dans son cœur, Étienne aimait Jésus de plus en plus. Il commença à parler de Jésus aux autres. Il voulait que tous connaissent cette histoire merveilleuse. Étienne devint donc lui aussi un pêcheur d'hommes.

Les hommes méchants qui avaient tué Jésus entendirent Étienne parler de Jésus. Comme ils ne voulaient pas que les gens croient en Jésus, ils payèrent d'autres hommes pour raconter des mensonges. Ces hommes dirent qu'Étienne était une mauvaise personne qui racontait de fausses histoires à propos de Dieu.

Étienne n'eut pas peur et continua à dire que Jésus était le seul Sauveur et que tous devaient croire en lui. Alors, les méchants hommes prirent Étienne et le sortirent de la ville. Puis, ils lui lancèrent de grosses pierres jusqu'à ce qu'il meure.

Ses amis ne pouvaient rien faire, seulement regarder la triste scène. Avant qu'Étienne ne meure, ses amis le virent se mettre à genoux et lever les yeux vers le ciel. Son visage s'était mis à briller comme celui d'un ange. Ils l'entendirent dire : « Je vois Jésus. Seigneur Jésus, reçois mon esprit ! » Puis Étienne mourut. Ses amis pleuraient en l'enterrant. Ils étaient si tristes parce qu'Étienne avait souffert. Par contre, ils savaient qu'Étienne ne pouvait pas s'empêcher de dire la vérité à propos de Jésus, peu importe si on lui lançait des pierres et si on lui faisait mal. Ses amis savaient qu'Étienne était heureux d'avoir vu Jésus. Ses amis savaient aussi que même s'ils enterraient le corps d'Étienne, son âme était maintenant avec Jésus.

Qui a poussé les méchants hommes à détester Étienne ? C'est Satan qui a rempli leurs cœurs de haine. Satan est l'ennemi de Dieu. Il ne veut pas que l'on parle de l'amour de Dieu ni de l'amour de Jésus. Jésus a dit à ses disciples qu'ils auraient à souffrir à cause de lui. Il a aussi dit que cela les rendrait heureux.

Un chrétien doit être fermement attaché à Dieu pour pouvoir souffrir pour lui.

Quelques questions

- Étienne méritait-il qu'on lui lance des pierres ?
- Avait-il fait quelque chose de mal ?
- Devons-nous nous arrêter de parler de Jésus quand des personnes nous en empêchent ?
- Qu'a vu Étienne qui l'a rendu heureux ?

Verset à mémoriser

Vous êtes heureux quand on vous insulte, quand on vous fait souffrir, quand on dit contre vous toutes sortes de mauvaises paroles et de mensonges à cause de moi.

– Matthieu 5.11

Lecture biblique

Actes 7.54-60

Chant

C'est par tes souffrances que je suis guéri.
Ta miséricorde me donne la vie.
C'est dans ta mort que se trouve mon salut,
Inépuisable est ta grâce, mon Jésus !

JEM 858 : Inépuisable grâce
© 2008 Rolf Schneider

Prière

Seigneur Jésus, nous ne savons pas comment nous pourrions être heureux de souffrir pour toi. Nous sommes effrayés. Mais aide-nous, Seigneur Dieu. Nous n'aimons pas souffrir, mais si nous avons à souffrir pour toi comme Étienne, rends-nous heureux en toi et rends-nous courageux. Amen.

64

Les enfants de Dieu attendent le retour de Jésus

Paul, le grand missionnaire, était déjà âgé quand il a été mis en prison à Rome. Il y est resté longtemps, car le dirigeant de Rome avait placé des soldats pour le surveiller. Puis, après un certain temps, il l'a fait tuer.

Qu'est-ce que Paul avait fait de mal pour être emprisonné et ensuite tué ? Il n'a pas été conduit en prison parce qu'il avait fait quelque chose de mal, mais parce qu'il annonçait la Bonne Nouvelle de Jésus, comme Étienne l'avait fait aussi. Les personnes qui n'aimaient pas Dieu voulaient le faire taire, l'empêcher de parler. Alors, ils ont raconté des choses fausses sur Paul et il a été mis en prison.

Que penses-tu que Paul faisait en prison ? Il continuait de parler de Jésus, même aux soldats qui le surveillaient. Aussi, quand ses amis venaient lui rendre visite, il leur parlait de Jésus. De plus, il écrivait des lettres, de très longues lettres adressées aux Églises pour leur expliquer comment vivre pour Jésus et comment se réjouir en lui.

Paul ne s'est jamais plaint de ses difficultés. Sais-tu ce qu'il disait ? « Mes problèmes sont sans importance. Ils ne sont rien comparés aux choses que Dieu me donnera après ces temps difficiles. » Il disait encore : « Si je dois mourir, j'irai rejoindre Jésus, et c'est ce qui peut m'arriver de mieux. Jésus est ressuscité des morts et il me ressuscitera à mon tour. Il me donnera un nouveau corps et je vivrai avec lui dans la gloire pour toujours. »

C'est merveilleux d'être un enfant de Dieu, car nous pouvons être heureux, quelles que soient les circonstances. Si nous vivons des difficultés, nous savons qu'elles ne dureront que pour un petit moment. Nous savons aussi que ces difficultés peuvent être bonnes pour nous. Nous pensons au ciel et à la place que Jésus est en train de nous préparer.

Paul savait qu'il allait mourir, mais il n'était pas effrayé. Il était certain que Jésus ne cesserait jamais de l'aimer et qu'il le prendrait avec lui au ciel. Paul pensait au futur et à ces choses merveilleuses qui devaient arriver. Cela le rendait heureux.

Nous aussi nous devons regarder devant, penser aux belles choses qui nous arriveront plus tard. Ainsi, les difficultés que nous vivons en ce moment ne nous rendront pas malheureux ou tristes. Peu importe si nous sommes pauvres, car nous savons qu'un jour nous serons riches. En fait, nous sommes déjà riches, si Jésus est dans notre cœur. Peu importe si nous sommes malades, car au ciel nous serons en bonne santé et ne serons plus jamais malades. Peu importe si les gens se moquent de nous, car nous serons heureux pour toujours quand nous serons avec Jésus.

Dieu a déjà fait beaucoup de bonnes choses pour nous. Il nous a donné le salut en Jésus. Bien d'autres choses plus merveilleuses sont encore à venir, des choses que nous ne pouvons pas nous imaginer pour le moment.

Quelques questions

- Y a-t-il quelque chose qui peut empêcher Jésus de nous aimer ?
- Comment savons-nous qu'il nous aime pour toujours ?
- Que prépare-t-il pour nous ?

Verset à mémoriser

La Bible dit :

« Il y a des choses que les yeux ne voient pas. Les oreilles ne les entendent pas... ces choses-là, Dieu les a préparées en faveur de ceux qui ont de l'amour pour lui. »

– 1 Corinthiens 2.9

Lecture biblique

1 Jean 3.1-3

Chant

J'ai l'assurance de mon salut
Par la présence du Seigneur Jésus.
Son sang m'a lavé, m'a racheté,
Et l'Esprit Saint m'a régénéré.

C'est mon histoire, c'est là mon chant,
Louer mon sauveur le jour durant.

Parfait repos et parfait bonheur,
En toi, mon Sauveur, j'ai la paix du coeur.
Je veille en attendant ton retour.
Je suis comblé, sûr de ton amour !

JEM 74 : J'ai l'assurance
© Domaine public

Prière

Seigneur Jésus, nous sommes heureux de savoir que ton amour pour nous ne s'arrêtera jamais. Nous voulons grandir de plus en plus pour te ressembler. Nous sommes heureux lorsque nous pensons aux choses merveilleuses que tu as préparées pour nous au ciel. Amen.

VERSETS À RETENIR - PARTIE DIX

Alors, si quelqu'un est uni au Christ, il est créé à nouveau. Ce qui est ancien est fini, ce qui est nouveau est là.
2 Corinthiens 5.17

Mais nous, nous aimons, parce que Dieu nous a aimés le premier.
1 Jean 4.19

Voici mon commandement : aimez-vous les uns les autres, comme je vous ai aimés.
Jean 15.12

Celui qui met sa confiance dans le Seigneur est en sécurité.
Proverbes 29.25

Il y a plus de bonheur à donner qu'à recevoir.
Actes 20.35

L'obéissance vaut mieux que les sacrifices des animaux les plus gros.
1 Samuel 15.22

Pendant six jours, travaille pour faire tout ce que tu as à faire.
Exode 20.9

Quand tes paroles se présentaient à moi, je les dévorais. Elles me donnaient de la joie, mon cœur était en fête.
Jérémie 15.16

[Le peuple] ne se laisse troubler par rien. Seigneur, tu lui donnes une paix sûre, parce qu'il a confiance en toi.
Ésaïe 26.3

Enfin, devenez forts avec la force très puissante du Seigneur.
Éphésiens 6.10

Allez chez tous les peuples pour que les gens deviennent mes disciples.
Matthieu 28.19

Vous êtes heureux quand on vous insulte, quand on vous fait souffrir, quand on dit contre vous toutes sortes de mauvaises paroles et de mensonges à cause de moi.
Matthieu 5.11

« Il y a des choses que les yeux ne voient pas. Les oreilles ne les entendent pas... ces choses-là, Dieu les a préparées en faveur de ceux qui ont de l'amour pour lui. »
1 Corinthiens 2.9

PARTIE ONZE

Dieu aide ses enfants a vivre pour lui

65

Nous avons besoin d'aide afin de vivre pour Dieu

Parfois, notre mère nous dit : « Je m'attends à ce que tu te comportes comme un gentil garçon ou une gentille fille ». Nous lui répondons alors que nous serons gentils. Nous voulons être gentils. Pourtant, souvent, nous ne le sommes pas. Même que parfois, nous ne voulons vraiment pas être gentils.

Si nous sommes les enfants de Dieu, il s'attend à ce que nous soyons bons. Dieu nous dit : « Vous devez m'aimer plus que tout et vous devez aimer les autres autant que vous-mêmes. » Pourtant, nous oublions souvent d'aimer Dieu plus que tout. Nous sommes tellement égoïstes que nous nous aimons avant d'aimer les autres.

Dieu nous demande de ne pas mentir, de ne pas être égoïstes, de ne pas nous mettre en colère et de ne pas être désobéissants. Pourtant, nous faisons ces choses très souvent.

Même l'apôtre Paul, le grand missionnaire, n'était pas toujours un homme bon. Même le roi David, qui aimait Dieu si fort, n'était pas toujours bon. Personne ne peut réussir à toujours faire le bien.

Mais pourquoi est-ce si difficile de faire le bien ? Faire le bien est difficile parce que le péché est dans notre cœur. Le péché est comme des graines de mauvaises herbes qui poussent vite. Nos cœurs sont pleins de graines de péché qui poussent très vite.

T'arrive-t-il d'enlever les mauvaises herbes dans le jardin ? Tu peux arracher toutes les mauvaises herbes du jardin, et pourtant, quelques jours plus tard, de nouvelles mauvaises herbes pousseront à nouveau. D'où viennent-elles ? Ces mauvaises herbes viennent des graines qui sont dans la terre.

Les graines du péché sont dans notre cœur, et comme les mauvaises herbes, elles reviennent toujours. Chaque jour, Jésus nous pardonne nos péchés quand nous lui demandons de le faire. Mais le lendemain, nous péchons encore. Même si nous avons un nouveau cœur rempli par Jésus, les graines du péché continuent de pousser. Voilà pourquoi nous ne pouvons pas être bons et gentils tout le temps. C'est triste.

Nous devrions toujours vivre pour Dieu et le louer, mais nous ne pouvons pas toujours le faire. Même que parfois, nous ne voulons pas le faire.

L'apôtre Paul a écrit une lettre à ses amis à Rome pour leur expliquer sa peine quand il pensait au péché qui était toujours dans son cœur. Il écrivait : « Je ne veux pas pécher, mais je pèche. »

Pierre, qui était si courageux et qui ne pouvait pas s'arrêter de parler de Jésus même en prison, savait que le péché continuait à grandir dans son cœur.

Quelques questions

- Quelles sortes de graines de péché se trouvent dans ton cœur en ce moment ?

Verset à mémoriser

Jean le disciple que Jésus aimait beaucoup a écrit ceci :

Nous disons peut-être : « Nous n'avons pas de péché. » Mais nous nous trompons, et la vérité n'est pas en nous.

– 1 Jean 1.8

Si le péché est si fort, et si les graines de péché continuent à pousser dans nos cœurs, que pouvons-nous faire ? Nous avons besoin d'aide. Nous voulons nous débarrasser du péché.

Dans les prochaines leçons, nous apprendrons comment Dieu nous aide.

Lecture biblique

1 Jean 1.7 – 2.1

Chant

Oui, Dieu a fait de grandes choses pour moi,
Son pauvre et faible enfant.
Sur lui, mon âme se repose,
Et je l'exalte en adorant.
Mon âme éclate d'allégresse,
Je chante mon Sauveur sans cesse,
Jésus, le Fils de la promesse:
Il sauve encore parfaitement.

JEM 69 : Mon âme éclate d'allégresse

Prière

Père qui es au ciel, nous voulons être bons, nous essayons d'être bons. Mais souvent, nous n'agissons pas bien. Pardonne aujourd'hui nos péchés à cause de l'amour de Jésus pour nous. Aide-nous à arracher de notre cœur les graines du péché. Nous avons besoin de ton aide, car nous ne pouvons pas le faire par nous-mêmes. Amen.

66

Dieu le Père nous aidera si nous lui demandons

Jésus a dit à ses disciples que Dieu le Père nous donnerait toutes les bonnes choses que nous lui demandons. Alors, il est certain qu'il nous aidera à être bons, si nous le lui demandons.

Jésus leur a aussi raconté cette histoire.

Imagine qu'un ami vienne te rendre visite tard dans la nuit. Il arrive de loin et il est fatigué et affamé. Tu veux lui offrir quelque chose à manger, mais tu n'as plus de pain, et puisqu'il est tard, tous les magasins sont fermés. Alors, tu te rends à la maison d'un autre ami pour lui demander du pain et tu frappes à sa porte. Cet ami se réveille et tu lui dis : « J'ai un ami qui a très faim à la maison et je n'ai rien à lui donner. Est-ce que tu peux me donner un peu de pain ? » Que répondra ton ami ? « Ah ! Ne me dérange pas. Je suis au lit et je ne veux pas me lever pour te donner du pain ? » Non, si c'est un vrai ami, il ne dira pas cela. Il se lèvera et te donnera tout le pain dont tu as besoin.

Jésus a dit à ses disciples que Dieu est comme cet ami. Il ne dira jamais : « Ne me dérange pas. » Il ne dira pas « non ! » quand nous lui demandons ce dont nous avons besoin. Dieu est notre meilleur ami. Dieu est encore plus que cela : il est notre Père céleste. Il nous aime. Il nous donnera les bonnes choses que nous lui demandons.

Notre Père céleste sait qu'il est difficile d'être bon en tout temps. Il sait que vivre pour lui est difficile. Il sait que nous sommes faibles et pécheurs. Mais, il veut pourtant que nous vivions pour lui. Il est heureux de nous aider à arracher les graines de péché qui sont dans nos cœurs.

D'abord, nous devons lui parler de ce qui nous empêche d'être bons. Ensuite, nous devons lui demander de nous aider. Nous devons lui demander de nous aider à vouloir enlever ce péché qui est en nous, de nous rendre plus forts pour être capables de faire ce qui est bien et de pouvoir dire « non ! » à ce qui est mauvais. Enfin, nous devons lui demander de remplir nos cœurs d'amour. Si nous l'aimons très, très fort, il ne sera pas difficile d'être gentil et bon. Nous devons lui demander que le Saint-Esprit vive dans nos cœurs, qu'il nous conduise sur le bon chemin et qu'il nous rende forts pour notre Père céleste et pour Jésus.

Dieu nous donnera toutes ces choses si nous les lui demandons. Il a promis de nous donner tout ce qui est bon pour nous. Mais nous devons réellement avoir le désir d'être bons.

Quelques questions

- Dieu nous donne-t-il tout ce que nous lui demandons ?

- Qu'est-ce que Dieu nous donnera certainement ?
- Comment sait-il ce qui est bon pour nous ?

Verset à mémoriser

Jésus a dit :

« Demandez, et on vous donnera. Cherchez, et vous trouverez. Frappez à la porte, et on vous ouvrira. »

– Matthieu 7.7

Lecture biblique

1 Jean 5.12-15

Chant

Déchargez-vous sur lui
De tous vos soucis.
Déchargez-vous sur lui,
Car lui-même prend soin de vous.
Déchargez-vous sur Lui
De tous vos soucis.

JEM 54 : 1 Pierre 5.7

Prière

Père du ciel, tu sais que nous voulons vivre pour toi. Rends-nous forts pour faire ta volonté. Rends-nous forts pour dire « non » à ce qui est mauvais. Remplis nos cœurs d'amour pour toi. Envoie ton Saint-Esprit pour nous conduire sur le droit chemin. Au nom de Jésus. Amen

67

Le Saint-Esprit nous aide

Jésus a dit qu'il habiterait en nous. Il nous a donc envoyé son Saint-Esprit pour qu'il habite en nous. C'est surtout Dieu le Saint-Esprit qui nous aide à être bons. C'est lui qui nous dicte ce que nous devons faire.

Paul, le missionnaire, est allé dans plusieurs villes pour raconter l'histoire de Jésus. Un des endroits où il est allé s'appelait la Galatie. Là, de nombreuses personnes ont cru en l'Évangile. Ils sont devenus chrétiens et ont voulu vivre pour Dieu.

Après un certain temps, quand Paul est reparti, les Galates ont commencé à se disputer. Ils avaient oublié de vivre comme des enfants de Dieu. Ils ne s'aimaient pas les uns les autres comme ils le devaient. Certains étaient égoïstes et d'autres étaient jaloux.

Paul était triste d'apprendre que les Galates n'agissaient pas bien. Il leur a donc écrit une lettre. Nous pouvons la lire aujourd'hui dans la Bible. C'est la lettre aux Galates.

Dans cette lettre, Paul demande aux Galates de ne pas se disputer et de cesser d'être égoïstes et jaloux. Ensuite, Paul leur explique comment Dieu peut les aider. Paul écrit : « Si vous marchez par le Saint-Esprit, vous porterez les fruits de l'Esprit. »

Mais de quoi Paul parlait-il ?

Prenons l'exemple d'un pommier qui donne de bonnes pommes ou d'un poirier qui donne de bonnes poires. Les bons fruits sont les bonnes choses qui viennent de notre cœur : l'amour, la gentillesse, la vérité, la joie et toutes les autres bonnes choses. Nous pouvons avoir de bons fruits, si le Saint-Esprit vit dans nos cœurs. Il vient habiter dans le cœur de tous ceux qui croient en Jésus.

Parfois, nous n'avons pas certains fruits dans notre cœur. Parfois, les enfants de Dieu portent de mauvais fruits, comme la colère, la jalousie et la haine, comme les Galates. « Maintenant, dit Paul, si vous voulez simplement écouter le Saint-Esprit et faire ce qu'il vous dit, vous porterez de bons fruits au lieu de mauvais. » Voilà ce que Paul voulait dire quand il a écrit aux Galates de marcher dans l'Esprit.

Nous ne pouvons pas vivre pour Dieu sans l'aide du Saint-Esprit. C'est lui qui nous rend capables d'être bons. Il nous dit comment être bons par la Parole de Dieu qui se trouve dans la Bible. Quand nous la lisons, le Saint-Esprit nous aide à comprendre et à vivre comme nous le devons.

Quelques questions

- Qu'as-tu fait aujourd'hui que tu considères être mal ?
- Que pouvons-nous faire pour ne pas mal nous conduire demain ?
- Qui est le Saint-Esprit ?

Verset à mémoriser

Dans la lettre aux Galates, Paul décrit les fruits que nous devons porter si nous marchons dans l'Esprit. Il a écrit :

Au contraire, voici ce que l'Esprit Saint produit : amour, joie, paix, patience, bonté, service, confiance dans les autres, douceur, maîtrise de soi.

– Galates 5.22,23

Lecture biblique

Jean 15.1-5

Chant

Admirable est ton conseil,
Si grande est ta sagesse;
Tu sièges dans les hauteurs,
Au-dessus de l'univers.
Que tes actions sont grandioses
Et tes pensées profondes !
Tu es le Dieu tout-puissant,
Infiniment grand.

JEM 722 : Admirable est ton conseil

Prière

Saint-Esprit, aide-nous à t'écouter et à marcher dans le bon chemin. Aide-nous à comprendre la Bible quand nous la lisons afin de comprendre comment nous devons vivre pour notre Père céleste et faire plaisir à notre Sauveur. Amen.

68

Jésus prie pour nous

Dieu notre Père nous aide à vivre pour lui, si nous le lui demandons. Le Saint-Esprit nous aide quand nous marchons dans l'Esprit et Jésus, le fils de Dieu, nous aide aussi. Jésus prie pour nous. Il prie pour tous ses enfants.

Jésus est au ciel. Nous ne pouvons pas le voir, mais lui nous voit. Du haut des cieux, il nous regarde. Il voit tout ce que nous faisons. Il sait à quoi nous pensons et connaît les émotions que nous éprouvons dans nos cœurs. En effet, il habite en nous. Il connaît notre désir de l'aimer et notre désir de faire le bien.

Jésus prie pour nous. Il demande à Dieu, son Père, de nous garder du mal.

Un jour, alors que Jésus était encore sur terre, il dit à Pierre : « Satan veut te séduire. Il va essayer de te convaincre, mais j'ai prié pour toi. » Jésus a prié pour Pierre parce qu'il ne voulait pas que Pierre fasse le mal. Jésus aimait Pierre.

Pourtant, un jour, Pierre pécha contre Jésus en le reniant. Parce qu'il avait peur, il a dit qu'il ne connaissait pas Jésus. Cela a attristé Jésus. Mais peu de temps après, Pierre s'est senti triste aussi d'avoir dit qu'il ne connaissait pas Jésus. Alors, il a pleuré. Ensuite, Jésus l'a pardonné. Jésus continua de demeurer dans le cœur de Pierre. Satan n'a pas réussi à gagner son cœur. Même si Pierre a péché, son cœur est resté attaché à Jésus. Après cet événement, Pierre a aimé Jésus encore plus fort. Il était très reconnaissant parce que Jésus avait prié pour lui et l'avait pardonné.

Avant que Jésus ne parte pour vivre au ciel, il a parlé longuement avec ses disciples, leur expliquant qu'il allait au ciel pour leur préparer une place. Ensuite, il a prié avec ses disciples. Il a aussi prié pour eux, et il a prié pour nous.

Aujourd'hui encore, Jésus prie pour nous. Penses-y. Jésus, dans le ciel, nous regarde et prie pour nous. Il sait ce dont nous avons besoin. Il sait que nous sommes tentés de faire le mal. Il sait que nous faisons des efforts pour agir correctement. Il voit quand nous péchons. Il demande à Dieu de nous garder du mal, de nous rendre capables de nous aimer les uns les autres, et de nous rendre saints.

Quelques questions

- Où est Jésus ?
- Que fait-il ?
- Comment nous aide-t-il à vivre pour Dieu ?

Verset à mémoriser

C'est ce que Jésus dit dans sa prière à Dieu son Père :

« Moi, je prie pour eux... ceux que tu m'as donnés... Tout ce qui est à moi est à toi. De même, tout ce qui est à toi est à moi... »

– Jean 17.9,10

Lecture biblique

Jean 17.9-15

Chant

Devant toi, Seigneur,
Je répands mon âme.

O mon Dieu, je suis à toi,
Je me confie en toi,
Conduis-moi dans la voie de la vérité.

Souviens-toi de moi,
Car en toi j'espère

Montre-moi la voie,
Le chemin à suivre

JEM 259 : Devant, toi Seigneur

Prière

Jésus, notre bon berger, continue de prier pour nous afin que nous puissions être bons et vivre pour toi. Aide-nous à t'aimer plus que tout et aide-nous à nous aimer les uns les autres comme nous nous aimons nous-même. Amen.

69

Les anges nous gardent

Tu n'as probablement jamais vu d'ange. Moi non plus. Les anges sont des esprits et on ne peut pas voir les esprits. Il y a bien longtemps, quand Dieu voulait transmettre un message spécial, il envoyait parfois un ange sur la terre pour annoncer ce message. En ces temps-là, Dieu donnait à l'ange un corps afin que les gens puissent le voir.

Te souviens-tu comment les anges ont parlé aux bergers quand Jésus est né ? Ce soir-là, les bergers ont aussi vu un très grand nombre d'anges qui chantaient dans le ciel.

Les anges aident Dieu. Ils sont ses serviteurs. La Bible nous dit que Dieu envoie encore parfois des anges pour aider son peuple, mais nous ne les voyons pas. Il y a très, très longtemps, quand Dieu a emmené Israël, son peuple, hors d'Égypte, il a envoyé un ange pour les conduire sur le bon chemin. Dieu a fait un grand nuage que les gens pouvaient voir devant eux. L'ange était dans le nuage. Quand l'ange déplaçait le nuage, le peuple le suivait. Quand l'ange arrêtait le nuage, le peuple s'arrêtait aussi.

Un jour, le roi d'Égypte et tous ses soldats partirent pour rattraper le peuple d'Israël. Le Pharaon voulait que les Israélites reviennent en Égypte pour qu'ils deviennent à nouveau ses esclaves. Alors, l'ange déplaça le nuage et le mit entre les Israélites et l'armée de Pharaon, qui ne pouvait plus les rattraper.

Les anges font des choses merveilleuses. En effet, c'est un ange qui a roulé la grosse pierre qui fermait la tombe de Jésus après sa résurrection. Ainsi, les amis de Jésus ont pu voir le tombeau vide. Quelques femmes venues au tombeau ont vu un ange qui leur a annoncé que Jésus était vivant.

Une autre fois, Pierre avait été mis en prison parce qu'il annonçait l'Évangile. Ses amis, qui pensaient ne plus le revoir, priaient pour lui. Cette nuit-là, alors que Pierre dormait dans la prison, il a senti quelqu'un le toucher. Il a ouvert les yeux et a vu un ange. Cet ange a brisé les chaînes autour des mains de Pierre, puis il a ouvert les portes de la prison. Les gardes n'ont pas entendu Pierre sortir. Ses amis étaient si heureux de le revoir.

Un jour, Jésus dit à ses disciples qu'il y avait des anges spéciaux chargés de garder les enfants de Dieu. N'est-ce pas formidable ? Dieu le Père leur dit comment prendre soin de ses enfants.

Quand nous pensons à tout ce que Dieu fait pour nous aider, comme envoyer des anges pour nous garder, nous sommes reconnaissants. Et cela nous donne encore plus envie de vivre pour Dieu et lui faire plaisir. Plus nous essayons de lui plaire, plus nous sommes heureux.

Quelques questions

- Pourquoi ne pouvons-nous pas voir les anges ?
- Quel travail font-ils pour nous ?
- À qui obéissent-ils ?

Verset à mémoriser

La Bible dit :

Le Seigneur donnera l'ordre à ses anges de te protéger partout où tu iras.

– Psaumes 91.11

Lecture biblique

Actes 12.5-11

Chant

Mon Dieu pourvoira
À tous vos besoins,

Selon sa richesse,
Avec gloire, en Jésus-Christ.
Mon Dieu pourvoira
À tous vos besoins.

JEM 48 : Philippiens 4.19
© 1974 Heinz Suter

Prière

Notre Dieu, nous te remercions pour les anges qui nous gardent. Nous ne pouvons pas les voir, mais nous savons qu'ils sont près de nous pour prendre soin de nous, parce que nous t'appartenons. Nous savons que nous n'avons rien à craindre, car ils nous gardent. Amen.

VERSETS À RETENIR - PARTIE ONZE

Nous disons peut-être : « Nous n'avons pas de péché. »
Mais nous nous trompons, et la vérité n'est pas en nous.
1 Jean 1.8

« Demandez, et on vous donnera. Cherchez, et vous trouverez.
Frappez à la porte, et on vous ouvrira. »
Matthieu 7.7

Au contraire, voici ce que l'Esprit Saint produit :
amour, joie, paix, patience, bonté, service,
confiance dans les autres, douceur, maîtrise de soi.
Galates 5.22

« Moi, je prie pour eux... ceux que tu m'as donnés...
Tout ce qui est à moi est à toi.
De même, tout ce qui est à toi est à moi... »
Jean 17.9,10

Le Seigneur donnera l'ordre à ses anges
de te protéger partout où tu iras.
Psaumes 91.11

PARTIE DOUZE

Quand nous prions Dieu

70

Que signifie prier ?

Te souviens-tu de ce que nous avons appris au sujet de Dieu ? Il est grand, il est saint, il est tout-puissant, il voit tout et connaît tout. Pourtant, même s'il est grand et saint, et que nous sommes petits et pécheurs, nous pouvons lui parler. Quand nous prions, nous lui parlons. Il nous écoute et cela est merveilleux !

Dieu est le Père de Jésus tout comme il est notre Père. Mais Jésus est pour Dieu un fils bien spécial. Quand Jésus était sur la terre, il priait son Père très souvent. Il lui parlait. Parfois, Jésus se levait tôt le matin pour prier, avant même qu'il ne fasse jour. Il aimait être seul et parler à son Père. D'autres fois, Jésus restait réveillé tard dans la nuit pour prier. Une fois, il est monté sur une montagne pour parler durant toute la nuit avec son Père.

Si nous croyons en Jésus, le Dieu du ciel est aussi notre Père. Dieu veut que nous lui parlions. Il veut que nous lui parlions de nous, de ce que nous aimons, de ce que nous faisons, tout comme nous le faisons avec nos parents. Nous devons prier souvent notre Père céleste.

Il écoute ce que nous disons. De notre côté, nous devons écouter ce qu'il nous dit, tout comme nous écoutons nos parents. Notre Père céleste nous répond. Nous ne pouvons pas entendre sa voix, mais il nous répond dans la Bible qui contient sa Parole. Il nous répond souvent dans notre cœur par le Saint-Esprit.

Un jour, alors que les disciples voyaient Jésus prier, ils demandèrent : « Seigneur, apprends-nous à prier. » Les disciples savaient que Dieu est très grand, mais ils ne savaient pas comment le prier. Alors, Jésus leur apprit cette prière :

« Notre Père qui es dans les cieux,
ton nom est saint.
Fais que tout le monde le connaisse !
Fais venir ton Royaume.
Fais que ta volonté se réalise
sur la terre comme dans le ciel.
Donne-nous aujourd'hui le pain qu'il nous faut.
Pardonne-nous le mal que nous avons commis, comme nous pardonnons à ceux qui nous ont fait du mal.
Et ne permets pas que nous soyons tentés.
Mais libère-nous de l'esprit du mal. »

C'est ainsi que nous devons prier : premièrement, louer Dieu ; deuxièmement, lui demander ce dont nous avons besoin ; troisièmement, le louer encore une fois.

Quelques questions

- Relisons la prière de Jésus et parlons des choses pour lesquelles Jésus nous demande de prier.

Verset à mémoriser

Apprenons la première partie de cette prière.

Notre Père qui es dans les cieux, ton nom est saint.

– Matthieu 6.9

Lecture biblique

Philippiens 4.6,7

Chant

Que l'Esprit de vérité
Vienne sur nous maintenant
Pour que nous puissions te ressembler
Et savoir prier.

Notre père qui es aux cieux,
Que ton nom soit sanctifié,
Que ton règne vienne.
Amen.

Que ton règne vienne,
Que ton règne vienne,
Que ta volonté soit faite
Dans nos vies.

JEM 590 : Que l'esprit de vérité

Prière

Notre Père céleste, nous te prions parce que tu es très grand et merveilleux. Cela nous rend heureux de te parler de nous. S'il te plaît, donne-nous ce dont nous avons besoin aujourd'hui et prends soin de nous durant la nuit. Nous te remercions pour toutes les bonnes choses que nous avons et pour la joie que nous avons quand nous jouons. Nous te remercions parce que tu nous écoutes. Aide-nous à t'écouter et à te louer. Amen.

71

Prier au nom de Jésus

Connais-tu l'histoire de la reine Esther ? Esther était une très belle reine qui faisait partie du peuple de Dieu. Elle était donc Israélite. Le roi Xerxès, lui, n'était pas un Israélite.

Un jour, Haman, un méchant serviteur du roi, voulut tuer le peuple de Dieu, car il le haïssait. Le roi, qui aimait bien Haman, lui accorda le droit de faire ce qu'il voulait.

Mardochée, l'oncle d'Esther, entendit dire que Haman voulait tuer le peuple d'Israël. Alors, tout le peuple d'Israël et Mardochée furent vraiment tristes de ce qui allait leur arriver.

De son côté, Esther n'était pas au courant de cette mauvaise nouvelle. Quand elle apprit que Mardochée était triste, elle envoya un de ses serviteurs pour savoir pourquoi. Mardochée vint donc voir Esther et lui raconta alors les mauvaises intentions d'Haman et il demanda à Esther, puisqu'elle était la reine, d'aller voir le roi pour le supplier de ne pas laisser Haman tuer son peuple. Mardochée pensait que Dieu avait peut-être permis à Esther de devenir reine pour qu'elle puisse protéger le peuple de Dieu.

Esther était effrayée à l'idée d'aller voir le roi. Elle dit à Mardochée : « Le roi ne permet à personne de venir le voir, sauf s'il le demande. Si je vais le voir, je vais sûrement mourir, à moins que le roi ne lève son sceptre d'or vers moi. » Un sceptre est une sorte de bâton.

Malheureusement, il n'y avait aucune autre façon de sauver le peuple de Dieu. Esther alla donc voir le roi. Elle avait tellement peur ! Quand le roi l'aperçut, il la regarda avec bonté et leva son sceptre d'or vers elle, en disant : « Que veux-tu reine Esther ? » Et c'est ainsi, grâce à la reine Esther, que le peuple de Dieu put être sauvé.

Si Esther craignait d'aller voir le roi Xerxès, lui qui était un humain, à plus forte raison devrions-nous craindre Dieu, le Roi des rois, le Dieu du ciel et de la terre. Nous devrions craindre Dieu lorsque nous pensons à sa grandeur et à sa sainteté, nous qui sommes si petits et pécheurs.

Mais si nous nous approchons de Dieu de la bonne manière, nous ne devons pas avoir peur. Dieu a un plan pour nous. Un plan encore plus merveilleux que le sceptre d'or que le roi Xerxès a tendu vers Esther. Nous pouvons aller vers Dieu au nom de Jésus. Te souviens-tu que Jésus a dit un jour à ses disciples : « Je suis le chemin » ? Il est le seul chemin qui mène à Dieu. Nous pouvons aller à Dieu en son nom. De plus, Dieu est bon et rempli d'amour, contrairement au roi Xerxès.

Quelques questions

- Quel est le seul chemin qui nous conduit à Dieu ?
- Que devrions-nous demander aujourd'hui ?
- Comment devons-nous utiliser ces choses pour le louer ?

Verset à mémoriser

Un autre jour, Jésus a dit à ses disciples :

... le Père vous donnera tout ce que vous lui demanderez en mon nom.

– Jean 16.23

C'est une promesse merveilleuse.

Que signifie « prier au nom de Jésus » ? Cela veut dire que nous croyons que Jésus est mort pour nous et que nos péchés sont pardonnés. Cela signifie aussi que nos cœurs sont pleins d'amour pour lui et que nous demanderons seulement des choses qui plaisent à Jésus.

Lorsque nous le prions de cette manière, Dieu le Père se réjouit de nous voir venir à lui.

Lecture biblique

Philippiens 2.9-11

Chant

Par le nom de Jésus,
Par le nom de Jésus,
Dieu donne la victoire.
Quand Satan nous tend un piège,
C'est ce nom qui nous protège,
Ce beau nom de la victoire,
Que chantent les élus.

JEM 158 : Par le nom de Jésus

Prière

Dieu saint et grand, nous ne pouvons venir à toi qu'au nom de Jésus. Combien nous sommes heureux que Jésus soit mort pour nous, car maintenant nous savons que tu nous pardonnes et que tu écoutes nos prières. Aide-nous à demander et à vouloir ce qui te plaît et ce qui plaît à notre précieux sauveur, Jésus. Amen.

72

Où devons-nous prier ?

Salomon était un roi très sage et très riche. Il fit bâtir un temple magnifique pour Dieu. Dieu appelait ce temple la « maison de prière ». Lorsqu'il eut fini de bâtir le temple, le roi Salomon demanda au peuple de venir à Jérusalem. C'était un jour de grande joie. Des gens de toutes les régions avaient envahi les rues de la ville. Ils montèrent sur la colline pour voir le temple. Ils y apportèrent des sacrifices pour les offrir à Dieu. Ils lui chantèrent des louanges et le prièrent.

Le peuple priait ensemble. Le roi Salomon était devant eux et tous pouvaient le voir. Il leva ses mains vers le ciel et dit : « Ô Dieu d'Israël, il n'y a pas d'autre dieu comme toi au ciel et sur la terre. » Il louait Dieu de tout son cœur.

Puis, le roi se mit à genoux devant Dieu et conduisit le peuple dans la prière. Salomon pria longtemps. Il avait tant à dire à Dieu et il avait tant à lui demander. Il lui demanda de bénir le peuple d'Israël et cette magnifique maison de prière.

Aujourd'hui, nous n'allons plus au temple, car nous avons des églises. Parfois, nous appelons aussi notre église une *maison de prière,* car nous savons que Dieu est là et qu'il nous écoute quand nous le prions.

Nous pouvons aussi prier Dieu à d'autres endroits. Nous pouvons le prier à la maison, à l'école, quand nous jouons ou que nous marchons dans la rue. Dieu est partout. Peu importe où nous sommes, nous pouvons le prier.

L'église est un endroit privilégié pour prier, car les enfants de Dieu peuvent y prier ensemble. Dieu aime quand les gens se rassemblent pour le prier.

Parfois, nous prions avec nos parents. Toute la famille peut prier ensemble. C'est formidable lorsque toute notre famille aime Dieu et veut le prier. Tu peux aussi prier Dieu tout seul, peu importe où tu te trouves, car Dieu entend ta prière. Un bon endroit pour prier seul est près de ton lit, le soir. Tu peux te mettre à genoux et parler à Dieu. Il te voit et t'entend. Rappelle-toi que Jésus priait le soir, lui aussi.

Quelques questions

- Qu'a fait Salomon après avoir construit le temple ?
- Pourquoi a-t-il fait venir le peuple ?
- Quand pouvons-nous prier ensemble ?
- Où peux-tu prier seul ?

Verset à mémoriser

Pierre a écrit à Timothée :

« Je veux donc que les hommes prient partout, en levant les mains vers le ciel. »

– 1 Timothée 2.8

Lecture biblique

1 Rois 8.22-24, 26-28

Chant

En présence de ton peuple,
Je publie ton nom,
Tu es saint et tu trônes
Au milieu des louanges d'Israël.
Nous proclamons tous ensemble ta fidélité.
Que ton nom soit exalté
Sur la terre et dans le ciel !

JEM 248 : En présence de ton peuple

Prière

Père, même si nous sommes petits, tu entends notre prière où que nous soyons. Aide-nous à compter sur toi chaque fois que nous en avons besoin. Apprends-nous à te louer chaque fois que nous pensons à ta grandeur suprême. Amen

73

Comment devons-nous prier ?

Quand tu pries, est-ce que tu places tes mains ensemble et fermes tes yeux ? C'est une bonne manière de prier. Quand nous gardons les mains ensemble durant la prière, cela nous empêche de faire autre chose pendant que nous parlons avec Dieu. Quand nous fermons les yeux, nous sommes moins portés à regarder partout et nous sommes plus concentrés sur ce que nous voulons dire à Dieu. Mais parfois, nous ne pouvons pas prier en fermant les yeux et en plaçant nos mains ensemble.

Néhémie appartenait au peuple d'Israël, mais vivait en Perse. Il était un serviteur du roi de Perse. Il apportait le vin au roi. Un jour, un de ses frères lui rendit visite. Néhémie lui demanda des nouvelles de son pays et de la ville de Dieu. Son frère lui répondit : « Le peuple est pauvre et vit des difficultés. Les murs de la ville de Jérusalem sont détruits et les portes sont brûlées. » Ces mauvaises nouvelles rendirent Néhémie tout triste.

Quand Néhémie retourna travailler pour le roi, celui-ci dit : « Tu as l'air si triste, Néhémie ! Est-ce que ton cœur est triste ? » Alors, Néhémie lui répondit : « Je ne peux pas m'empêcher d'être triste, Ô mon roi. La ville de mon peuple est en ruines. Le roi lui demanda : « Que voudrais-tu faire ? »

À ce moment-là, Néhémie se mit à prier Dieu devant le roi. Il ne se mit pas à genoux, il ne plaça pas ses mains ensemble et ne ferma pas ses yeux. Il resta debout et demanda silencieusement à Dieu de faire en sorte que le roi comprenne et qu'il soit bon envers lui.

Tout en priant, il répondit au roi : « Si cela est possible, j'aimerais aller dans mon pays et aider mon peuple à rebâtir la ville. » Eh bien, le roi lui donna la permission de partir. Dieu avait entendu la prière de Néhémie. Plus encore, le roi envoya même des soldats pour accompagner Néhémie, afin que tout se déroule bien.

Dieu avait rendu le roi bon et compréhensif, comme l'avait demandé Néhémie dans sa prière qu'il avait dite alors qu'il parlait au roi. Néhémie n'avait pas prié à haute voix, mais il avait prié dans son cœur.

Seul Dieu avait entendu la prière de Néhémie ; le roi, lui, n'avait rien entendu.

Nous aussi nous pouvons prier dans notre cœur, sans fermer les yeux ni placer les mains ensemble. Nous pouvons prier en jouant, ou lorsque quelque chose nous fait peur.

Nous devons prier de cette manière très souvent. Parfois, nous nous mettons à genoux, parfois nous nous assoyons pour prier. D'autres fois, nous prions en marchant, en travaillant ou en jouant. La prière donne de la joie aux chrétiens.

Quelques questions

- Que signifie prier dans son cœur ?
- Pourquoi devrait-on parfois se mettre à genoux pour prier ?
- Comment la prière rend-elle heureux ?

Verset à mémoriser

Jésus a dit :
Demandez, et vous recevrez, alors votre joie sera complète.
– Jean 16.24

Lecture biblique

Psaumes 95.1-6

Chant

Reçois favorablement
Les paroles de ma bouche
Et les sentiments de mon coeur,
Ô Seigneur.

Ô Seigneur, mon rocher,
Ô Seigneur, ma vie !

JEM 201 : Psaumes 19.15

Prière

Jésus, nous te remercions d'écouter toutes nos prières. Peu importe où nous sommes, nous pouvons te prier dans notre cœur. Tu es merveilleux et bon. Amen.

74

Que devons-nous demander dans nos prières ?

Il y a tant de choses que nous aimerions avoir. Pouvons-nous vraiment demander à Dieu toutes ces choses que nous voudrions ? Bien sûr ! Un enfant de Dieu ne lui demandera pas de mauvaises choses. Nous ne demanderions pas à Dieu des choses qui ne seraient pas bonnes pour nous. Nous pouvons lui demander les choses dont nous avons besoin et les choses que nous voulons, si nous pensons que cela est bon pour nous.

La Bible raconte l'histoire d'un roi appelé Ézékias. Il vécut il y a très longtemps. Ézékias était un homme bon, qui aimait Dieu et qui essayait de faire ce qui plaisait à Dieu. Un jour, un méchant roi est venu faire la guerre contre Ézékias avec une puissante armée. Ce roi dit qu'il prendrait tout ce qu'Ézékias avait. Il voulait même prendre la ville de Dieu, Jérusalem, pour en faire sa propre ville.

Ézékias fit confiance à Dieu. Le méchant roi lui écrivit une lettre qui disait : « Ne fais pas confiance à Dieu. Il ne peut pas te sauver. Mon armée est immense et j'ai fait la guerre à bien d'autres pays. Ils ont prié leurs dieux, mais leurs dieux ne les ont pas sauvés. Ton Dieu ne pourra pas te sauver non plus. »

Ézékias réfléchissait à l'armée puissante du méchant roi. Il savait que son armée n'était pas aussi puissante que la sienne. Alors, il est allé au temple pour prier et demander à Dieu de l'aider. Il se mit à genoux dans le temple et ouvrit la lettre du méchant roi pour que Dieu la lise. Puis, Ézékias pria : « Regarde, Dieu, ce que ce méchant roi dit de toi. Ce qu'il dit des autres dieux est vrai, ces dieux n'ont pas pu sauver les autres, car ils n'étaient que des idoles. Mais toi, tu es le Dieu vivant, le seul Dieu. Oh ! Aide-nous et sauve-nous ! »

La prière d'Ézékias plut à Dieu. Il sauva Ézékias, ainsi que la ville de Jérusalem et tout le peuple. Dieu envoya un ange pour effrayer le méchant roi et sa grande armée. Cette nuit-là, tous les soldats s'enfuirent.

Dieu veut que nous lui confiions nos difficultés et nos problèmes. Il veut que nous lui demandions de l'aide. Rappelle-toi qu'il est notre Père céleste. Ton papa t'ouvre ses bras lorsque tu lui demandes de l'aide. Ton Père céleste aussi t'ouvre ses bras lorsque tu le pries.

Dieu veut que nous lui demandions ce dont nous avons besoin et même ce que nous aimerions avoir,

bien que nous sachions que nous n'en avons pas réellement besoin.

Quelques questions

- Qu'as-tu demandé à Dieu aujourd'hui ?
- Que t'a-t-il donné ?

Verset à mémoriser

La Bible dit :
Priez les uns pour les autres...
– Jacques 5.16

Qu'est-ce que cela signifie ?

Lecture biblique

2 Rois 19.14-19

Chant

Tes armées sont prêtes à se battre,
Mais la victoire t'appartient, Seigneur.
Toi seul a le pouvoir de nous sauver.
Quand nous faisons appel à ton nom,

Ô libérateur, viens nous sauver,
Ô libérateur, nous délivrer,
Ô libérateur, viens nous sauver,
Ô libérateur, toi qui entends nos prières.

Dieu se lèvera pour se battre.
Son Esprit nous prépare au combat.
Il vient nous sauver par sa puissance.
Quand nous faisons appel à son nom

JEM 690 : Ô libérateur

Prière

Notre Père qui es dans les cieux, nous te remercions pour notre Seigneur Jésus, notre ami. Nous sommes heureux de pouvoir te demander tout ce dont nous avons besoin et te remercions aussi de pouvoir venir à toi pour te parler de nos soucis au nom de Jésus. Aide-nous à prier seulement pour de bonnes choses, les choses qui te font plaisir. Amen.

75

Comment Dieu répond-il à nos prières ?

« Maman, je voudrais une pomme. » T'arrive-t-il de dire cela ? Ou « Papa, pourrais-tu m'amener faire un tour de voiture ? »

Nous demandons beaucoup de choses à nos parents. Est-ce qu'ils nous donnent tout ce que nous demandons ? Non. Parfois, ils pensent que c'est mieux pour nous de ne pas avoir ce que nous demandons. Parfois, ils n'ont pas l'argent nécessaire pour l'acheter. Parfois, ils ne peuvent pas nous le donner, tout simplement.

De même, Dieu ne nous donne pas toujours ce que nous lui demandons. Dieu pourrait le faire, mais il ne le fait pas toujours. Il y a plusieurs raisons pour lesquelles Dieu ne nous donne pas ce que nous aimerions avoir.

Si nous demandons à Dieu quelque chose alors que nous avons été méchants et que nous n'avons pas demandé à Dieu de nous pardonner pour nos mauvaises actions, il n'entend pas nos prières. Nous devons d'abord lui demander pardon pour nos péchés.

Parfois, nous demandons n'importe quoi sans réfléchir, simplement pour notre propre plaisir. Dieu n'aime pas de telles prières. Te souviens-tu ce que nous avons appris à propos de l'égoïsme ? Si nous pensons seulement à ce qui nous plaît, nous sommes égoïstes. Dieu n'aime pas cela et il ne répond pas à la prière des égoïstes.

Il arrive que Dieu ne réponde pas aux prières, même si nous pensons que nous avons vraiment besoin de ce que nous lui demandons. L'apôtre Paul avait une sorte de « blessure » qui lui causait beaucoup de souffrances. Nous ne savons pas exactement ce que c'était. Trois fois, Paul a demandé à Dieu que cette blessure lui soit enlevée parce qu'il croyait qu'il pourrait mieux le servir et être un meilleur missionnaire si Dieu lui enlevait cette souffrance. Mais Dieu n'a pas répondu et ne lui a pas enlevé ce mal. Dieu a dit que c'était mieux pour Paul de rester comme il était. Dieu n'a donc pas donné à Paul ce qu'il lui demandait. Malgré tout, Paul restait joyeux, car il savait que Dieu prenait soin de lui. Dieu sait parfaitement ce qui est le mieux pour chacun de ses enfants.

Ton père et ta mère essaient de faire ce qu'ils croient être le mieux pour toi. Souvent, ils ne te donnent pas ce que tu leur demandes parce que cela ne serait pas bon pour toi. Dieu sait encore mieux que tes parents ce qui est bon et ce qui est mauvais pour toi. Même Jésus a prié Dieu en disant : « Que ta volonté se fasse et non la mienne. »

Dieu nous entend toujours quand nous le prions, mais il ne nous donne pas toujours ce que nous lui avons demandé. Parfois, il dit : « Non, cette chose-là n'est pas bonne pour toi. » Parfois, il dit : « Attends. Tu ne peux avoir ce que tu demandes tout de suite. » Nous devons apprendre à faire confiance à Dieu.

Quelques questions

- Qu'as-tu demandé à Dieu aujourd'hui ?
- Ta demande était-elle égoïste ?
- As-tu demandé pardon à Dieu pour tes fautes ?
- Laisses-tu Dieu décider de ce qui est bon pour toi ?

Verset à mémoriser

Dans la Bible, on peut lire :

Et mon Dieu vous donnera tout ce qui vous manque par le Christ Jésus, tellement sa gloire est grande.

– Philippiens 4.19

Lorsque nous vivons près de Dieu, il nous donne tout ce qui est bon pour nous.

Lecture biblique

Psaumes 66.16-20

Chant

Craindre ton nom, ô Éternel,
C'est le début de la sagesse.
L'homme qui célèbre ton nom
Verra la bénédiction
Couler sur la vie de ses enfants.

JEM 849 : Craindre ton nom
© 2006 Corinne Lafitte

Prière

Cher Dieu, tu es très puissant. Tu peux nous donner tout ce que nous te demandons. Sauf que parfois, nous demandons des choses inutiles ou des choses qui ne sont pas bonnes pour nous, car nous ne savons pas toujours ce qui est bon pour nous. Aide-nous à te faire confiance. Donne-nous ce dont nous avons besoin et rends-nous reconnaissants. Aide-nous à prier pour les autres ainsi que pour nous-mêmes. Amen.

76

La prière la plus importante

Dieu veut que nous lui demandions ce dont nous avons besoin. Nous avons besoin de nourriture, de vêtements, d'un lit, d'un endroit pour vivre et être à l'abri. Ces choses sont importantes. Mais il y a quelque chose de beaucoup plus important encore.

Un jour, Jésus gravit une colline avec ses disciples. Au sommet, il les invita à s'asseoir avec lui. Il faisait beau et c'était très agréable d'écouter Jésus à cet endroit. Là, Jésus leur expliquait à quel point il était merveilleux d'appartenir au royaume de Dieu. Il les enseignait en disant : « Ils sont heureux, ceux qui sont doux, parce qu'ils recevront la terre comme un don de Dieu ! Ils sont heureux, ceux qui font la paix autour d'eux. Ils sont heureux, ceux qui ont le cœur pur. »

Jésus leur enseignait ensuite comment les enfants de Dieu doivent vivre pour lui, à quoi ils doivent ressembler et comment ils doivent agir. Jésus disait : « Ne vous inquiétez pas de ce que vous mangerez ou des vêtements que vous porterez. Regardez les petits oiseaux. Votre Père céleste les nourrit et, aux yeux de Dieu, vous avez plus de valeur encore que les oiseaux. Alors, il vous nourrira certainement. »

Jésus disait aussi : « Regardez maintenant les fleurs. Voyez-vous comme elles sont belles ? Votre Père céleste leur a donné des pétales plus beaux que tous les plus beaux vêtements que portait le riche roi Salomon. Assurément, Dieu vous vêtira aussi. »

Jésus disait encore : « Vous ne devriez pas toujours penser aux vêtements et à l'argent, car ces choses s'usent, rouillent ou sont rongées par les vers. Les gens qui ne connaissent pas Dieu s'inquiètent souvent pour ces choses et pour bien d'autres encore. Voici ce qui est important : *Cherchez d'abord le Royaume de Dieu.* »

Quand Jésus enseignait à ses disciples comment prier, il leur disait qu'ils devraient demander « *Fais venir ton Royaume* ». Prier pour le Royaume de Dieu est plus important que de lui demander du pain, des vêtements ou toute autre chose. Prier pour le Royaume de Dieu est la prière la plus importante. Jésus nous dit que si le Royaume de Dieu est ce qu'il y a de plus important pour nous, alors Dieu nous donnera tout ce dont nous avons besoin. C'est sa promesse.

Alors, que devons-nous demander à Dieu lorsque nous cherchons d abord son Royaume ? Eh bien, nous pouvons lui demander de nous faire briller pour lui comme des petites chandelles. Nous pouvons lui demander d'aider les missionnaires, afin que de plus en plus de personnes découvrent qui est Jésus et croient en lui. Nous pouvons aussi prier pour les filles et les garçons qui ne connaissent pas Dieu et qui agissent mal. À ton avis, y aurait-il autre chose que l'on pourrait demander ? N'oublions pas que la prière la plus importante est : « *Fais venir ton Royaume* ».

Quelques questions

- Pourquoi le Royaume de Dieu est si important ?
- Qui est notre roi lorsque nous appartenons au Royaume de Dieu ?
- Quand nous jouons ou faisons n'importe quelle autre activité, comment pouvons-nous montrer aux autres que Dieu est notre roi ?

Verset à mémoriser

Fais venir ton Royaume.
– Matthieu 6.10

Lecture biblique

Matthieu 6.25-33

Chant

Cherchez d'abord le royaume de Dieu,
Et sa justice;
Et toutes ces choses vous seront données en plus,
Allélu, Alléluia !

Alléluia. Alléluia.
Alléluia. Alléluia !

JEM 35 : Matthieu 6.33; 4.4

Prière

Notre Père céleste, fais venir ton Royaume. Bénis les missionnaires, les pasteurs et les enseignants qui racontent l'histoire de Jésus. Aide-moi à la raconter à mon tour. Au nom de Jésus, amen.

VERSETS À RETENIR - PARTIE DOUZE

Notre Père qui es dans les cieux, ton nom est saint.
Matthieu 6.9

... le Père vous donnera tout ce que vous lui demanderez en mon nom.
Jean 16.23

« Je veux donc que les hommes prient partout, en levant les mains vers le ciel. »
1 Timothée 2.8

Demandez, et vous recevrez, alors votre joie sera complète.
Jean 16.24

Priez les uns pour les autres...
Jacques 5.16

Et mon Dieu vous donnera tout ce qui vous manque par le Christ Jésus, tellement sa gloire est grande.
Philippiens 4.19

Fais venir ton Royaume.
Matthieu 6.10

PARTIE TREIZE

L'église de Dieu

77

Pourquoi allons-nous à l'église ?

Te souviens-tu en combien de jours Dieu a fait les cieux, la terre et tout ce que nous voyons autour de nous ? Il a tout créé en six jours : les arbres et toutes les autres sortes de plantes, les oiseaux, les animaux et, à la toute fin, il a créé les hommes. Il a fait tout cela en six jours. Le septième jour, tout le travail de Dieu était fini et il se reposa. Il se reposa pour contempler son travail et il en était heureux.

Te souviens-tu de la leçon sur la création de l'homme ? Dieu l'a créé à son image. L'homme a été fait pour être semblable à Dieu. C'est pourquoi Dieu a voulu que l'homme ait lui aussi un jour de repos, comme le jour où Dieu s'est lui-même reposé. Ce jour-là permet à l'homme d'apprécier ce que Dieu a fait pour lui.

Dieu appelle ce jour de repos le « sabbat ». C'est un jour tellement important que Dieu en a fait un commandement. Ce commandement dit : *« N'oublie pas de me réserver le jour du sabbat. Pendant six jours, travaille pour faire tout ce que tu as à faire. Mais le septième jour, c'est le sabbat qui m'est réservé, à moi, le SEIGNEUR ton Dieu. »*

Ce jour de repos est bon pour nous. Dieu n'était pas fatigué après avoir fait le ciel, la terre et tout ce qu'ils renferment, mais nous sommes fatigués lorsque nous travaillons durement. Si nous ne nous reposons pas, nous pouvons devenir vraiment très fatigués. Dieu savait que nous avions besoin d'un jour de repos. Dieu a été bon envers nous lorsqu'il nous a demandé de nous reposer un jour sur sept.

Mais le sabbat est plus qu'un jour de repos. C'est un jour de joie. C'est un jour pour penser à Dieu, pour se réjouir de ce qu'il a fait pour nous et de ce qu'il nous a donné. C'est donc un jour de joie et de louanges à Dieu.

Le jour du sabbat est un jour où nous devons nous souvenir d'une promesse que Dieu nous a faite. Il nous a promis un autre sabbat bien meilleur que celui-là. Un sabbat qui durera pour toujours. Ce sabbat commencera à la fin des temps, lorsque Dieu nous amènera auprès de lui. À ce moment-là, tout notre travail sera terminé et nous nous réjouirons dans la présence de Dieu pour toujours.

Le dimanche est notre jour du sabbat, notre jour de repos. Nous l'appelons aussi le jour du Seigneur, parce que Jésus a fait des choses très importantes pour nous ce jour-là. En effet, c'est un dimanche matin que Jésus est sorti du tombeau. C'est aussi un dimanche matin qu'il a envoyé le Saint-Esprit dans le cœur de son peuple. Nous allons donc à l'église le dimanche pour louer Dieu, pour l'adorer et pour écouter sa Parole. C'est un jour de grande joie.

Il y a bien longtemps, le peuple de Dieu avait oublié que le jour du sabbat était un jour saint. Le peuple avait oublié de penser à Dieu durant cette journée. Il avait du plaisir, mais ne prenait pas le temps de penser à Dieu. Il ne se réjouissait pas en Dieu. Le prophète Ésaïe a rappelé au peuple qu'il devait honorer Dieu le jour du sabbat.

Quelques questions

- Pourquoi appelons-nous le dimanche le « jour du Seigneur » ?
- Comment pouvons-nous être heureux en Dieu durant cette journée ?
- Qu'avons-nous appris sur le nouveau sabbat que Dieu a promis ?

Nous ne devons pas oublier le jour du Seigneur comme l'a fait le peuple d'Israël. Nous voulons au contraire nous rappeler de nous réjouir en Dieu durant cette journée. C'est sa journée !

Verset à mémoriser

Voici ce qu'a dit Ésaïe au sujet du jour du sabbat :
Alors tu trouveras ton bonheur en moi.
– Ésaïe 58.14

Lecture biblique
Matthieu 28.1-8

Chant
Allons auprès de Dieu,
Le coeur rempli d'assurance,
Approchons-nous du trône de grâce,
Et Dieu viendra vers nous.
Dans le lieu très saint,
Nous nous tenons confiants,
Nos vies, nos coeurs lavés
Par le sang de l'Agneau,
Adorons et louons Dieu.

JEM 520 : Allons auprès de Dieu

Prière

Nous te remercions Père céleste pour notre jour de repos. Seigneur Jésus, aide-nous à faire de cette journée un jour spécial de joie et de louanges. Quand nous pensons à tout ce que tu as fait pour nous et au sabbat céleste qui viendra, nous te remercions de tout notre cœur. Amen.

78

Comment adorons-nous Dieu à l'église ?

Le dimanche, tu portes tes plus beaux habits. Tu es tout propre, tu sens bon et tu te rends à l'église. Pourquoi portes-tu tes plus beaux habits le dimanche ? Pourquoi te laves-tu de la tête aux pieds et pourquoi vas-tu à l'église ?

Le dimanche, tu pourrais adorer Dieu à la maison. Tu pourrais te réjouir en Dieu à la maison. Pourtant, tu vas à l'église et tu adores Dieu à cet endroit parce que Dieu nous a dit que cela lui fait plaisir lorsque son peuple se rassemble dans sa maison pour l'adorer. Dieu a aussi promis qu'il serait avec nous à cet endroit.

Nous portons donc nos plus beaux habits pour venir le rencontrer. La Bible nous dit que lors du sabbat éternel, alors que nous l'adorerons pour toujours, nous porterons de beaux habits blancs, parce que le blanc nous rappelle que nous avons été lavés de nos péchés et que nous sommes propres et blancs comme la neige.

Comment devons-nous adorer Dieu ?

Premièrement, nous l'adorons en restant calmes pour pouvoir penser à lui, à sa magnifique création et au salut qu'il nous donne. Nous l'adorons aussi en lui chantant des louanges et en priant silencieusement ou tous ensemble.

Deuxièmement, nous adorons Dieu par nos dons. Dieu utilise notre argent pour aider d'autres personnes, comme les missionnaires qui annoncent la Bonne Nouvelle de Jésus à des gens qui ne le connaissent pas encore. Nous donnons cet argent par amour pour Dieu.

Troisièmement, nous adorons Dieu quand nous écoutons ce qu'il nous dit. Il nous parle par l'intermédiaire du pasteur qui lit la Bible et l'explique. Le pasteur nous raconte les merveilles de Dieu et de son Royaume. Le pasteur nous apprend que Dieu veut que nous lui obéissions et que nous lui fassions confiance. Si nous écoutons la Parole de Dieu et la gardons dans notre cœur, Dieu est heureux et il nous bénit. Après avoir adoré Dieu, nous retournons à la maison, heureux.

Lorsque Jésus était un jeune garçon, il alla au temple. Il aimait le temple parce que c'était la maison de son Père. Là, il trouva plusieurs hommes qui aimaient parler de Dieu. Jésus les écouta. Parfois, il leur posa des questions. Il resta là tellement longtemps que ses parents se mirent à le chercher partout. Ils furent très surpris de le trouver dans le temple en train de parler avec des hommes importants.

Nous devons avoir le désir de tout connaître sur Dieu. Il est si merveilleux. Quand nous allons à l'église, nous devons bien écouter, chanter et prier. Nous devons penser à Jésus et à son grand amour pour nous.

Quelques questions

- Comment adorons-nous Dieu à l'église ?
- Que fait Dieu pour nous quand nous sommes à l'église ?
- Que pouvons-nous faire pour lui faire plaisir ?

Verset à mémoriser

Il y a une raison bien spéciale pour laquelle nous allons à l'église, c'est que Jésus s'y trouve. Un jour, il a dit :

« Oui, quand deux ou trois sont réunis en mon nom, je suis là au milieu d'eux. »

– Matthieu 18.20

Lecture biblique

Psaumes 122

Chant

J'entre dans tes portes,
J'entre dans tes parvis
Avec des louanges,
Devant toi me voici.

Je reconnais ta majesté,
Je reconnais ta royauté,
El-Shaddaï,
Dieu puissant !

JEM 428 : J'entre dans tes portes

Prière

Notre Dieu, nous voulons t'honorer en portant de beaux habits le dimanche. Quand nous sommes à l'église, aide-nous à bien écouter ta Parole. Aide-nous à chanter et à prier avec amour. Ainsi, nous t'honorerons, te plairons et serons heureux en toi. Amen.

79

Le baptême

Juste avant de monter au ciel, Jésus dit à ses disciples d'aller et d'annoncer la Bonne Nouvelle à tout le monde et de baptiser ceux qui croiraient en lui.

Il y a trois choses bien spéciales que doit faire un pasteur. Premièrement, il doit prêcher la Parole de Dieu en annonçant qui est Jésus. Deuxièmement, il doit baptiser les gens qui croient en Dieu ; et, troisièmement, il doit servir le repas du Seigneur. Ces trois choses nous aident à mieux connaître Dieu et à ressembler de plus en plus à Jésus. Ceux et celles qui croient en Jésus veulent lui ressembler toujours plus.

Le baptême est un signe qui nous aide à comprendre que Jésus a lavé nos cœurs. Par exemple, nous utilisons l'eau pour laver notre visage et nos mains. Nous prenons un bain pour laver notre corps. Bref, nous utilisons l'eau pour être propres.

Par contre, pour avoir un cœur pur, nous avons besoin du sang de Jésus. Nous avons besoin du sang que Jésus a versé lorsqu'il est mort sur la croix.

Quand le pasteur baptise une personne avec de l'eau, c'est un signe qui montre que Jésus lave nos cœurs. Le baptême nous montre que, tout comme l'eau nous rend propres, le sang de Jésus rend notre cœur propre, si nous croyons en lui.

Le baptême est aussi le signe que Dieu fait de nous de nouvelles créatures. La Bible dit que, lorsque nous nous faisons baptiser, c'est comme si nous étions enterrés avec Jésus et que nous ressuscitions avec lui dans une vie nouvelle.

Te souviens-tu comment Jésus est mort, comment il a été enterré et comment il est ressuscité avec un nouveau corps ? Lorsque nous croyons en Jésus, le Saint-Esprit nous transforme. Il nous donne un nouveau cœur qui aime Dieu et qui veut faire sa volonté. Quand Jésus reviendra, nous aurons un nouveau corps comme lui ; un corps céleste qui vivra pour toujours avec Dieu.

Dieu nous l'a promis. Le baptême nous aide à voir que cette promesse est vraie et sûre.

Te souviens-tu de l'histoire de Philippe et de l'homme dans le char ? Dès que cet homme a cru en Jésus, il a voulu être baptisé. Après le baptême, il est reparti tout joyeux, parce qu'il avait la certitude qu'il appartenait maintenant à Jésus.

La Bible nous raconte aussi l'histoire d'un homme qui fut baptisé au milieu de la nuit. Voici l'histoire.

Un gardien de prison d'une ville appelée Philippe avait reçu l'ordre de bien surveiller Paul et son compagnon, Silas, qui avaient été arrêtés par des soldats. Le gardien de prison les avait attachés et enfermés dans la pire partie de la prison. Mais, au cours de cette nuit-là, il y eut un tremblement de terre. Le gardien, tout effrayé, vint demander à Paul ce qu'il devait faire pour être sauvé. Alors, Paul lui répondit : « Crois au Seigneur Jésus. » Le gardien crut en Jésus. Il demanda pardon pour ses péchés et reçut un nouveau cœur. Paul le baptisa, lui et sa famille, au milieu de la nuit.

Le baptême nous rappelle le grand amour de Dieu. Dieu le Père a promis de faire de nous ses enfants et de pardonner nos fautes. Dieu le Fils a donné son sang pour effacer nos péchés. Dieu le Saint-Esprit vit dans nos cœurs pour nous rendre purs et saints. Ces trois personnes travaillent ensemble pour nous préparer pour le ciel. C'est ce que dit le pasteur lors du baptême : « *Je te baptise au nom du Père, du Fils et du Saint-Esprit.* »

Quelques questions

- Que fait le pasteur quand il baptise quelqu'un ?
- Que dit-il ?
- Que signifie le baptême ?

Verset à mémoriser

Baptisez-les au nom du Père, du Fils et de l'Esprit Saint.

– Matthieu 28.19

Lecture biblique

Actes 16.28-34

Chant

Il y a un seul corps et un seul Esprit,
Comme aussi vous avez été appelés
A une seule espérance par votre vocation;
Il y a un seul Seigneur,
Une seule foi,
Un seul baptême,
Un seul Dieu et Père de tous,
Qui est au-dessus de tous,
Et parmi tous et en tous.

JEM 44 : Éphésiens 4.4-6

Prière

Seigneur Jésus, si tu ne laves pas mes péchés, je ne serai jamais avec toi au ciel. Nous te remercions d'avoir demandé à tes disciples de baptiser. Nous te remercions pour ce signe qui nous aide à croire que nous pouvons devenir propres même si nous sommes pécheurs. Amen.

80

Le repas du Seigneur

Le baptême nous aide à croire que nos péchés sont lavés et que nous appartenons à Jésus. Si nous lui appartenons réellement, nous prendrons le repas avec lui. Nous pouvons nous asseoir à la table du Seigneur.

Partout dans le monde, les membres de son peuple mangent à la table du Seigneur. C'est Jésus lui-même qui l'a commandé.

Juste avant sa mort, Jésus et ses disciples soupèrent ensemble. Alors qu'ils étaient assis autour de la table, Jésus prit du pain, le sépara, en donna un morceau à chaque disciple et il dit : « *Prenez et mangez. Ceci est mon corps qui est donné pour vous.* » Les disciples mangèrent le pain, mais ils ne comprenaient pas ce que Jésus voulait dire.

Puis, Jésus prit une coupe de vin, la bénit et dit : « *Ceci est mon sang, versé pour beaucoup.* » Tous les disciples en burent.

Le lendemain, Jésus mourut sur la croix. Lors du dernier repas qu'il avait partagé avec ses disciples, Jésus leur avait montré qu'il allait donner son corps et son sang pour son peuple. C'est à la croix qu'il a accompli ce geste.

C'est lorsque Jésus est ressuscité que les disciples comprirent la signification du pain et du vin. Ils comprirent que Jésus était mort pour eux.

Aujourd'hui, le peuple de Dieu mange du pain et boit du vin pour se rappeler que Jésus est mort pour lui. Le pain et le vin nous aident à comprendre et à croire que Jésus a réellement donné son corps et son sang quand il est mort sur la croix pour nous. C'est un signe. Tout comme nous prenons le pain et le vin pour nourrir notre corps, lorsque nous acceptons Jésus dans notre coeur, nous recevons la vie éternelle.

Quand les enfants grandissent et donnent leur cœur à Jésus, ils peuvent prendre le repas du Seigneur. C'est un signe qui leur rappelle qu'ils appartiennent aussi à Jésus, mort pour eux.

Le repas du Seigneur est aussi un signe pour les autres, car il leur montre ce que nous croyons. Quand le peuple de Dieu mange le pain et boit le vin, il montre qu'il croit que Jésus est mort pour lui et qu'il lui appartient.

Si tu essaies de vivre pour Jésus de tout ton cœur, les gens peuvent voir que tu lui appartiens. Et quand tu seras assez grande ou grand pour partager le repas du Seigneur, tu pourras aussi montrer aux autres que tu lui appartiens et que Jésus est mort pour toi.

Quelques questions

- De quoi nous souvenons-nous quand on prend le repas du Seigneur ?
- Pourquoi Jésus a-t-il donné ce repas comme signe ?
- À quel moment les garçons et les filles peuvent-ils prendre le repas du Seigneur ?

Verset à mémoriser

L'Église nous invite au repas du Seigneur car Jésus a dit :

Faites cela en souvenir de moi.
– Luc 22.19

Lecture biblique

1 Corinthiens 11.23-26

Chant

Avec toi, Seigneur, tous ensemble,
Nous voici joyeux et sûrs de ton amour.
Tu nous as rassemblés
Dans la joie de ta présence,
Et c'est toi qui nous unis.

C'est toi qui nous unis;
Ton amour a fait de nous des frères.
Tu es vivant au milieu de nous !

JEM 241 : Avec toi, Seigneur

Prière

Jésus, nous te remercions pour le repas du Seigneur qui nous montre combien ton amour est grand. Ce signe rend nos cœurs profondément joyeux. Nous te prions et te chantons gloire pour ton immense amour. Amen.

81

Amener les autres à l'église

Te souviens-tu de ce que Jésus a dit juste avant de monter au ciel ? Il a dit à ses disciples d'aller dans le monde et d'annoncer la Bonne Nouvelle de Jésus.

Si nous sommes heureux en Jésus, nous voulons que d'autres le soient aussi. Si nous sommes heureux d'aller adorer Dieu à l'église, nous voulons que d'autres viennent l'adorer avec nous.

André et Jean furent les deux premiers disciples de Jésus. Ils suivirent Jésus un jour où Jésus marchait près de la rivière. Quand Jésus les vit, il leur demanda de le suivre partout où il irait. Ce jour-là, Jésus leur parla du Royaume des cieux.

Les deux disciples écoutèrent très attentivement ce que Jésus avait à leur dire. André et Jean n'avaient jamais entendu parler de quelque chose d'aussi merveilleux. Ils n'avaient jamais écouté un homme qui racontait de si belles choses. Lorsqu'il rentra chez lui, André se dépêcha d'aller trouver son frère. Il dit : « Simon ! Nous avons trouvé le Christ ! » Le Christ ? Simon ne croyait pas vraiment qu'André avait trouvé le Christ. Le peuple d'Israël attendait la venue du Christ depuis si longtemps. Et voilà qu'André lui disait : « Nous l'avons trouvé ! »

Comme Simon n'arrivait toujours pas à le croire, André lui proposa de l'amener voir Jésus. Ils partirent

donc ensemble. Simon put entendre Jésus parler de Dieu et de son Royaume. Finalement, il crut que Jésus était bien le Christ. Simon était heureux qu'André lui ait parlé de Jésus et l'ait conduit à lui.

Si nous connaissons Jésus et l'aimons, nous voulons que d'autres le connaissent aussi. Dieu nous a rendus heureux en nous montrant son grand amour pour nous. Nous voulons que les autres personnes soient aussi heureuses que nous en connaissant Jésus. Il est l'homme le plus merveilleux qui ait vécu !

De plus, Jésus mérite d'être aimé. Tous devraient aimer Dieu, l'adorer et lui obéir. Nous avons été faits pour lui plaire. Les personnes qui n'aiment pas Jésus ne font pas plaisir à Dieu. Nous voulons que ces personnes viennent à l'église pour apprendre à connaître Dieu et Jésus. Ainsi, ils pourront lui plaire eux aussi.

Quelques questions

- Pourquoi André a-t-il conduit Simon à Jésus ?
- Comment de jeunes garçons et de jeunes filles peuvent-ils amener d'autres personnes à Jésus ?

Verset à mémoriser

La Bible dit :

Et tous reconnaîtront ceci : Jésus-Christ est le Seigneur, pour la gloire de Dieu le Père.

- Philippiens 2.11

Lorsque nous amenons un ami à l'église, nous pouvons demander au Saint-Esprit qu'il agisse dans son cœur afin que cet ami croie à ce que Jésus a fait.

Lecture biblique

Jean 1.44-51

Chants

Nous allons de villes en villages,
Nous voulons servir le Seigneur,
Sans que rien ne nous décourage,
Nous voulons lui faire honneur.

Que nos chants et nos prières
Montent vers le Dieu sauveur !
Tous en lui nous sommes frères,
Louons-le d'un même coeur.

JEM 214 : De villes en villages
© Alain Burnand

Prière :

Père céleste, tout le monde devrait t'aimer et te servir. Tu es grand et saint, tu nous as créés pour ton plaisir. Mais tant de personnes ne te connaissent pas. Bénis les missionnaires qui vont annoncer ta Bonne Nouvelle. Montre-nous comment conduire des personnes à toi pour que ces personnes puissent apprendre à te connaître et à t'aimer. En Jésus nous te prions. Amen.

VERSETS À RETENIR - PARTIE TREIZE

Alors tu trouveras ton bonheur en moi.
Ésaïe 58.14

« Oui, quand deux ou trois sont réunis en mon nom, je suis là au milieu d'eux. »
Matthieu 18.20

Baptisez-les au nom du Père, du Fils et de l'Esprit Saint.
Matthieu 28.19

Faites cela en souvenir de moi.
Luc 22.19

Et tous reconnaîtront ceci : Jésus-Christ est le Seigneur, pour la gloire de Dieu le Père.
Philippiens 2.11

PARTIE QUATORZE

Les choses qui doivent arriver

82

Le monde prendra fin

Nous avons déjà appris que toute chose a un commencement. Les premiers mots de la Bible sont :« *Au commencement, Dieu créa le ciel et la terre.* » Le ciel et la terre auront une fin. Dieu l'a aussi dit dans la Bible.

Un jour, les disciples de Jésus regardaient le temple à Jérusalem et s'exclamèrent devant sa beauté. Ils dirent à Jésus : « Viens voir à quel point le temple est magnifique ! »

Le temple était fait de grosses pierres blanches ornées d'or brillant, de grands piliers, de hautes tours et de grandes galeries avec des bancs où les gens pouvaient s'asseoir. C'était vraiment très beau ! Les disciples aimaient le temple.

Jésus s'approcha du temple avec eux pour le voir de plus près. Puis, tout à coup, il se sentit triste et dit : « Vous voyez tout cela ? Je vous le déclare, c'est la vérité : il ne restera pas ici une seule pierre posée sur une autre ; tout sera renversé. » À leur tour, les disciples devinrent tristes. Ils n'aimaient pas s'imaginer qu'un jour ce temple magnifique allait être détruit. Ils étaient certains que si le temple était détruit, ce serait la fin du monde.

Ce que Jésus dit arriva : le temple fut détruit par une armée. Cela se passa quelques années après que Jésus soit monté au ciel.

La Bible nous parle d'un certain jour où la fin de ce monde arrivera. Tout ce qui nous entoure disparaîtra par le feu. Nous pouvons être tristes et effrayés en pensant à ces choses. Ce sera un jour terrible. La Bible appelle ce jour où le monde doit finir, le *jour puissant et terrible du Seigneur* (dans Malachie et Joël). En ce jour, le Seigneur Jésus enverra du ciel un feu pour détruire le péché. Le feu brûlera la terre. Toute la méchanceté de Satan et des hommes pécheurs sera brûlée aussi. Jésus deviendra le Seigneur de tout.

Ce jour-là, tout le monde saura que Dieu est beaucoup plus puissant que Satan. Tout le monde verra Jésus et ses anges, et se mettra à genoux devant lui. Alors, tout le monde saura que Jésus est réellement le Seigneur des seigneurs et le Roi des rois.

Tous les méchants auront peur et crieront. Ce sera un jour terrible pour eux, un jour de punition pour leurs péchés.

Mais les enfants de Dieu n'ont pas à avoir peur du tout. Ils ne seront pas punis pour leurs péchés. Dieu les sauvera aussi du feu, car il ne veut pas que ses chers enfants soient blessés. Ensuite, il créera un nouveau ciel et une nouvelle terre pour ses enfants. Ce sera un nouvel endroit où ils pourront vivre et le servir pour toujours.

Quelques questions

- Pourquoi Dieu détruira-t-il la terre par le feu ?
- Pourquoi ce jour est-il appelé le « jour puissant du Seigneur » ?
- Pourquoi les enfants de Dieu ne devraient-ils pas avoir peur de ces choses ?

Verset à mémoriser

La Bible dit :

Le jour du Seigneur viendra comme un voleur. Ce jour-là, le ciel disparaîtra avec un bruit terrible, le feu détruira les étoiles du ciel, la terre et les actions de ses habitants seront jugées.

– 2 Pierre 3.10

Lecture biblique

Apocalypse 21.1-5

Chant

Aussi longtemps que je vivrai,
Et tant que je respirerai,
Même si le temps s'arrêtait,
Si le soleil disparaissait,

Je te louerai, je te louerai.

Les jours, les mois et les années
N'y pourront jamais rien changer.
Mon cœur est prêt à t'adorer,
Dès maintenant et à jamais
Je te louerai, je te louerai.

Je te louerai, je te louerai, Seigneur,
Oh ! Seigneur.

JEM 658 : Aussi longtemps que je vivrai

Prière

Père, nous avons peur quand nous pensons au feu qui brûlera la terre, mais nous savons que ce feu brûlera seulement ce qui est mal. Nous ne devons pas avoir peur. Aide-nous à te faire confiance. En ce grand jour, nous verrons ta grandeur et ta gloire et nous te louerons plus que jamais. Amen.

83

Le retour de Jésus

Te souviens-tu comment Jésus est monté au ciel ? Il était en haut d'une montagne avec ses disciples. Il a levé ses mains pour les bénir, puis il est monté vers le ciel.

Les disciples se demandaient ce qui se passait. Qu'allait faire Jésus ? Les disciples le voyaient monter de plus en plus haut ! Puis, un nuage a caché Jésus. Les disciples ne pouvaient plus le voir, mais ils continuaient toujours à regarder vers le ciel. Ils pensaient qu'ils pourraient peut-être le revoir encore une fois si le nuage disparaissait.

Tout à coup, deux hommes qui portaient des habits d'un blanc éclatant apparurent à côté des disciples. C'était deux anges. Ils dirent aux disciples : « Hommes de Galilée, vous restez là à regarder le ciel. Pourquoi donc ? Jésus vous a quittés pour aller vers le ciel. Il reviendra de la même façon que vous l'avez vu partir. »

Le message des anges rendit les disciples heureux. Ils ne sont pas restés sur la montagne pour attendre Jésus. Non ! Ils se souvenaient de ce que Jésus leur avait dit. Ils avaient du travail à faire pour lui. Ils devaient annoncer la Bonne Nouvelle de Jésus à d'autres personnes.

Beaucoup d'années ont passé depuis que Jésus est monté au ciel et il n'est pas encore revenu, mais Jésus garde ses promesses. Il reviendra.

Quand reviendra-t-il ?

Avant de partir, Jésus a dit à ses disciples que le monde entier devait entendre l'Évangile et qu'il reviendrait quand toutes les nations le connaîtraient. Il nous a dit d'aller vers les peuples de toute la terre pour annoncer la Bonne Nouvelle de Jésus.

Nous avons donc du travail à faire en attendant le retour de Jésus. C'est le travail le plus important au monde. Nous devons raconter l'histoire de Jésus et parler de son amour. Nous devons dire aux pécheurs que Jésus lave les péchés. Nous devons être des missionnaires partout où nous sommes et nous devons envoyer des missionnaires dans d'autres pays.

Quand tout ce travail sera accompli, Jésus reviendra. Il prendra ses précieux enfants et les amènera à Dieu. La famille de Dieu sera enfin rassemblée au ciel. Ce sera merveilleux !

Quand nous pensons à cette réunion, nous avons hâte que cela arrive. Nous prions : « Seigneur Jésus, reviens vite ! » Nous nous préparons à le rencontrer et travaillons à rassembler ses enfants qui se trouvent partout dans le monde.

Quand nous pensons à ce que sera le ciel, nous ne nous inquiétons pas pour des choses qui sont sur cette terre. Nous pensons plutôt à ce que nous pourrions faire pour Jésus et à la façon dont nous pouvons nous préparer à sa venue.

Quelques questions

- Que pouvons-nous faire en attendant le retour de Jésus ?
- Quelle sorte de travail pouvons-nous faire pour lui ?

Verset à mémoriser

La Bible dit :

Car nous travaillons ensemble au service de Dieu, et vous êtes le champ de Dieu.

– 1 Corinthiens 3.9

Lecture biblique

Apocalypse 1.4-7

Chant

Je lève les yeux vers les montagnes…
D'où me viendra le secours ?
Le secours me vient de Dieu,
Qui a fait la terre et les cieux.

Maranatha ! Viens, Seigneur, viens !
Seigneur Jésus nous tendons les mains vers toi.
Maranatha ! Viens, Seigneur, viens !
Et là où tu es, oh prends nous avec toi !

Je suis dans la joie quand on me dit:
Allons à la maison du Seigneur !
Car nos peines sont finies,
Au grand jour de l'Éternel.

JEM 247 : Maranatha !

Prière

Lisons les paroles du chant et prions dans nos cœurs.

84

Qu'arrivera-t-il quand Jésus reviendra ?

Un jour Jésus a raconté l'histoire suivante.

Un fermier avait planté de bonnes graines de blé dans son champ. Quand il eut fini de semer, un méchant homme est venu jeter de mauvaises graines à côté de celles que le fermier avait semées. Après un certain temps, toutes les graines commencèrent à pousser ensemble, les bonnes graines comme les mauvaises. En voyant les plantes pousser, les ouvriers du fermier allèrent demander au fermier : « As-tu semé de bonnes graines ? » « Bien sûr, leur répondit le fermier. C'est un ennemi qui a semé les mauvaises graines. » Alors, les ouvriers voulurent arracher les mauvaises herbes. Le fermier leur dit de ne pas faire cela. « Laissez-les pousser toutes ensemble. En arrachant les mauvaises plantes, vous risquez d'arracher les bonnes. Quand viendra le temps de la moisson, nous trierons les mauvaises plantes et nous les brûlerons, mais nous rassemblerons le bon blé dans mes greniers. »

Les disciples de Jésus lui demandèrent le sens de cette histoire. Ils savaient que c'était une parabole, une histoire qui avait un sens spirituel. Jésus leur expliqua de la façon suivante : « Le champ représente le monde. Les bonnes graines sont les enfants de Dieu ; les mauvaises graines sont les enfants de Satan. Satan est l'ennemi qui les a semées. Les enfants de Dieu et les enfants de Satan vivent côte à côte. » La moisson représente la fin du monde et les ouvriers du fermier sont les anges. Le Fils de l'homme les enverra comme les ouvriers de la parabole pour rassembler toutes les mauvaises graines et les brûler. Cependant, les enfants du Royaume seront emmenés à la maison du Père.

Quand Jésus reviendra, les personnes qui n'auront pas voulu l'aimer et lui obéir le regretteront profondément. Dieu les enverra dans la noirceur avec Satan. Là, ils seront malheureux pour toujours. C'est triste.

Par contre, Dieu amènera son peuple au ciel. Le Seigneur Jésus viendra soudainement à travers les nuages, accompagné des anges. Il y aura un grand bruit, une trompette sonnera et tout le monde sur la terre verra Jésus.

Même les morts, dans les cimetières ou ailleurs, se lèveront et sortiront de leur tombe. Ils vivront à nouveau et verront Jésus.

En ce jour-là, ceux qui n'ont pas aimé Jésus seront effrayés et essayeront de se cacher, mais ceux qui l'ont aimé et ceux qui ont cru en lui seront très heureux. Jésus les élèvera dans le ciel afin qu'ils puissent le rejoindre. Que tu sois à l'école, à la maison ou à n'importe quel endroit, il t'enlèvera dans les airs si tu crois en lui.

Ceux qui étaient morts et qui l'avaient aimé durant leur vie monteront aussi au ciel. Ils auront un nouveau corps. Tous les enfants de Dieu auront un nouveau corps, un corps spirituel fait spécialement pour vivre au ciel.

Quel jour extraordinaire ce sera ! Nous prions pour que ce jour arrive bientôt.

Quelques questions

- Quels sont les deux types de personnes qui vivent sur la terre ?
- Que fera Jésus avec ces personnes quand il reviendra ?
- Devrions-nous avoir peur du retour de Jésus?

Verset à mémoriser

On entendra un signal... Alors le Seigneur lui-même descendra du ciel.

– 1 Thessaloniciens 4.16

Lecture biblique

1 Thessaloniciens 4.16,17

Chant

Je serai à toi, tu seras à moi,
Ensemble pour l'éternité.
Nos cœurs unis d'un même amour,
Ensemble pour l'éternité.

Pour toujours dans l'éternité.
Plus jamais de larmes dans nos yeux,
Plus de peur, de honte
Quand nous serons avec toi,
Oui nous serons avec toi.

JEM 616 : Éternité

Prière

Seigneur Jésus, quel jour merveilleux ce sera quand nous te verrons descendre du ciel et que nous irons à ta rencontre ! Ô Père, aide-nous à être prêt à tout moment pour ce grand jour. Amen.

85

Si je dois mourir

Jésus reviendra et ce sera merveilleux de le rencontrer dans les nuages. Cependant, il se peut que nous ne vivions pas jusqu'à ce moment-là. Peut-être que nous mourrons avant que Jésus ne revienne. Peut-être que *je* serai déjà mort(e). Les personnes plus âgées finissent par mourir. Parfois, il arrive que les jeunes meurent aussi.

Les apôtres Pierre, Jacques, Jean et le grand missionnaire Paul ont eux aussi attendu le retour de Jésus. Ils priaient pour que Jésus revienne pendant qu'ils étaient encore en vie. Ils auraient bien voulu entendre le son de la trompette annonçant le retour de Jésus. Pourtant, ils sont morts. Dieu en a décidé ainsi.

Ce sera peut-être la même chose pour nous. Nous mourrons peut-être aussi, si Dieu en a décidé ainsi. Notre corps sera peut-être enterré dans un cercueil au cimetière, mais notre âme ira au ciel. Notre corps est comme une maison dans laquelle vit notre âme ou notre esprit. Ton âme ou ton esprit est ce qui te permet de penser, c'est ce qui fait de toi la personne que tu es. C'est ton âme qui ira au ciel, si tu es un enfant de Dieu. Et quand Jésus reviendra, il te sortira du cercueil et te donnera un nouveau corps.

Des milliers d'enfants de Dieu sont morts. Leur âme est maintenant au ciel avec Jésus et ils y sont très heureux. Ils attendent le merveilleux jour du Seigneur où Jésus leur donnera un nouveau corps.

Dans sa vieillesse, Paul, le missionnaire, fut emprisonné pour avoir parlé de Jésus. Mais même de sa prison, il continua à parler du salut. Il écrivit des lettres aux églises pour rappeler aux chrétiens d'être sincères avec Jésus et de l'aimer.

Un jour, Paul écrivit une lettre à son ami Timothée. Il lui dit que son travail était presque terminé. Paul savait que Dieu allait bientôt le prendre avec lui au ciel. En effet, puisqu'il était vieux, il savait qu'il allait bientôt mourir. Pourtant, Paul était impatient et avait hâte de mourir. Sais-tu pourquoi ?

Voilà ce qu'il a écrit dans une lettre adressée à une des églises : « Je suis tiré des deux côtés : j'ai envie de quitter cette vie pour être avec le Christ, et c'est en effet beaucoup mieux ! » (Philippiens 1.23.)

Bien sûr, nous pouvons être heureux sur terre. Dieu nous a donné tant de choses pour nous rendre heureux, mais être au ciel avec Jésus sera encore bien mieux.

Nous ne devons donc pas avoir peur de mourir. Si nous sommes les enfants de Dieu, nous irons au ciel et nous verrons notre Sauveur, Jésus. Quel jour merveilleux ce sera !

Quelques questions

- Pourquoi ne devons-nous pas avoir peur de mourir ?
- Qu'arrivera-t-il à notre corps quand Jésus reviendra ?
- À quel moment cela arrivera-t-il ?

Verset à mémoriser

Maintenant, je vais vous dire une chose mystérieuse : nous ne mourrons pas tous, mais tous, nous serons transformés.

– 1 Corinthiens 15.51

Lecture biblique

Romains 8.14-19

Chant

Abba, Père, je veux être à toi seulement,
Et ma volonté soumettre à toi constamment.
Que mon coeur reste enflammé,
Près de toi je veux rester.
Abba, Père, je veux être à toi seulement.

JEM 324 : Abba, Père

Prière

Ô Seigneur Jésus, tu mérites tellement d'être aimé ! Fais de nous des enfants obéissants et aimants. Alors, nous n'aurons pas peur de mourir et nous serons heureux d'aller au ciel pour te voir et être avec toi pour toujours. Amen.

86

Louer Dieu pour toujours

Te souviens-tu pourquoi Dieu a créé le ciel et la terre ? Il les a créés pour sa propre gloire. Il a fait toutes choses pour son honneur, pour son plaisir : les étoiles dans le ciel, les oiseaux, les fleurs… Tout doit le louer parce qu'il est un Dieu grand et saint. Il a tout créé et il prend soin de sa création. Par-dessus tout, il nous montre son amour.

Au début de la création, tout ce que Dieu avait créé le louait. Mais un jour, le péché est venu gâcher sa création.

La Bible nous dit que des choses merveilleuses arriveront de sorte qu'un jour tout louera Dieu à nouveau.

Quand Jean, un des disciples de Jésus, est devenu un vieil homme, il a été placé sur une île, tout seul. Des hommes méchants l'avaient mis là pour l'empêcher de parler de Jésus.

Un jour, quelque chose d'extraordinaire est arrivé à Jean. Jésus est venu le visiter. Jean a donc vu Jésus, glorifié et tout brillant, tel qu'il est en ce moment au ciel. C'était une vision, comme un rêve.

Jean est tombé à genoux quand il a vu Jésus dans sa gloire, mais Jésus a mis sa main sur lui et lui a dit : « N'aie pas peur ! Je suis le premier et le dernier, je suis le Vivant. J'étais mort, mais maintenant, je suis vivant pour toujours et j'ai le pouvoir sur la mort et sur le monde des morts. »

Puis, Jésus a montré à Jean tout ce qui devait arriver. Jean a écrit toutes ces choses dans un livre que nous pouvons lire. C'est le dernier livre de la Bible qui s'appelle l'Apocalypse.

Certaines des choses que Jean a vues sont épouvantables. Le péché, Satan et les personnes méchantes qui n'aiment pas Dieu étaient punis. Par contre, après que Jésus eut montré ces choses épouvantables, il lui a aussi montré les choses glorieuses qui arriveront. À la fin, le ciel et la terre seront remplis de la gloire de Dieu. Dans ses visions, Jean a vu un nouveau ciel et une nouvelle terre. Il a aussi vu une très belle ville descendre du ciel. Ce sera la nouvelle Jérusalem.

Jean a alors entendu une voix qui disait : « Il essuiera toutes les larmes de leurs yeux. La mort n'existera plus, il n'y aura plus ni deuil, ni cris, ni souffrance. Oui, le monde ancien a disparu. »

Jean nous a dit qu'il avait vu la nouvelle Jérusalem, brillante et resplendissante de la gloire de Dieu et de pierres précieuses. Cette ville sera tellement brillante qu'on n'aura plus besoin de soleil ou de lune, car Dieu et Jésus seront la lumière de cette ville. En fait, il n'y aura plus de nuit du tout, seulement de la lumière, de la joie et des louanges à Dieu pour toujours.

Après avoir vu tout cela, Jean a prié : « *Viens, Seigneur Jésus.* » Il avait très hâte que ces choses merveilleuses arrivent.

Quand nous pensons à toutes ces merveilleuses choses qui arriveront, nous avons aussi le goût de prier : « *Viens, Seigneur Jésus.* »

Quelques questions

- Quand Dieu viendra-t-il vivre avec nous ?
- Comment toutes choses le loueront-elles ?

Verset à mémoriser

Jésus a dit à Jean :
« *Écoute, je viens bientôt.* »
– Apocalypse 22.12

Lecture biblique

Apocalypse 21.1-7

Chant

Il va venir, le Seigneur que j'adore;
Bientôt sa voix retentira du ciel.
À mes regards, l'horizon se colore
Des purs rayons du soleil éternel.

Gloire à toi seul, Seigneur Jésus,
Gloire à jamais, gloire à ton nom !
De ton beau ciel je ne sortirai plus,
Et pour toujours j'exalterai ton nom.

JEM 80 : Il va venir, le Seigneur que j'adore

Prière

Ô Dieu, tu es grand. Tu mérites toutes nos louanges. Fais de nous tes véritables enfants, pour te louer à jamais et partager ta gloire lorsqu'il n'y aura plus de péché et que toute chose te louera dans le nouveau ciel et la nouvelle terre. Au nom du Seigneur Jésus, amen.

VERSETS À RETENIR - PARTIE QUATORZE

Le jour du Seigneur viendra comme un voleur. Ce jour-là, le ciel disparaîtra avec un bruit terrible, le feu détruira les étoiles du ciel, la terre et les actions de ses habitants seront jugées.
2 Pierre 3.10

Car nous travaillons ensemble au service de Dieu, et vous êtes le champ de Dieu.
1 Corinthiens 3.9

On entendra un signal... Alors le Seigneur lui-même descendra du ciel.
1 Thessaloniciens 4.16

Maintenant, je vais vous dire une chose mystérieuse : nous ne mourrons pas tous, mais tous, nous serons transformés.
1 Corinthiens 15.51

« Écoute, je viens bientôt. »
Apocalypse 22.12